本音の置き場所
バービー
講談社

本音の置き場所

バービー

はじめに

フォーリンラブというコンビをご存じだろうか？

Yes, fall in love. という締めの決め台詞は一発ギャグのように、みんなの耳に届いていただろう。

すぐになくなるだろうと思っていた芸人としての仕事も、気づけば13年目に入る。これは、その特殊な環境の中で生きてきた、36歳都内在住の独身女性である私が、大きい声で言ったら眉をひそめられてしまうかもしれないと感じる本音を、思うがままに書きなぐった本である。


左手にスマホを持ち、右人差し指の高速連打で書き上げた。

ときにはベッドの上で、ときには腰のストレッチにもなる土下座スタイルで、歩いているときにふと思い立ち、通行人の邪魔になってはいけないと、ビルとビルの隙間に隠れながら人差し指の勢いに任せたこともあった。

あなたの本音と会話できたなら、この本が、なんでも話せる親友のような存在になれたなら、これ以上幸せなことはない。

バービー

本音の置き場所　目次

第六章 セックスには契約書が必要か

〔性的同意と欲望〕

第七章 バラエティといじりの関係性
〔土俵の外の張り手〕

第八章 「期待されずに育った」ことに感謝する理由
〔自分の決断〕

第九章
東京に出たがったバービーが「地方創生」を願う理由
〔地方創生〕

第十章　「酒に飲まれていたころ」から夢を実現するまで
〔自分と向き合う〕

第一章

〔料理とジャッジメント〕

料理は好き。でも「男の胃袋」を摑んでたまるか

ヴィジュアル系バンドの彼の言葉

突然だが、私が東京の夜を彷徨《さまよ》い歩く中で出会った、カテゴライズできずモヤモヤして今でも忘れられないフレーズを聞いてくれないか。

今でこそ「家庭的な女性がタイプ」なんて男性が言ったら失笑ものだが、それはそれは#MeTooも#KuTooもなかった太古の昔、私が合コンに勤しんでいたころの苦痛な話である。

触れたらカチンと金属音がするのではと思えるほどストレートアイロンで伸ばされたヘアに真っ黒囲み目メイクを施したヴィジュアル系バンドの人と食事したときのこと。話のネタに困り、好きな女性のタイプを尋ねてみたら、ひとりの彼が「ハンカチを常に持っている女の子」と答えた。空気中の酸素が奪われたかのように、一瞬、女性陣の呼吸が止まったのを覚えている。

こいつ、社会の抑圧を歌ってるくせに、女性の価値観は明治期ぐらいで止まってる！

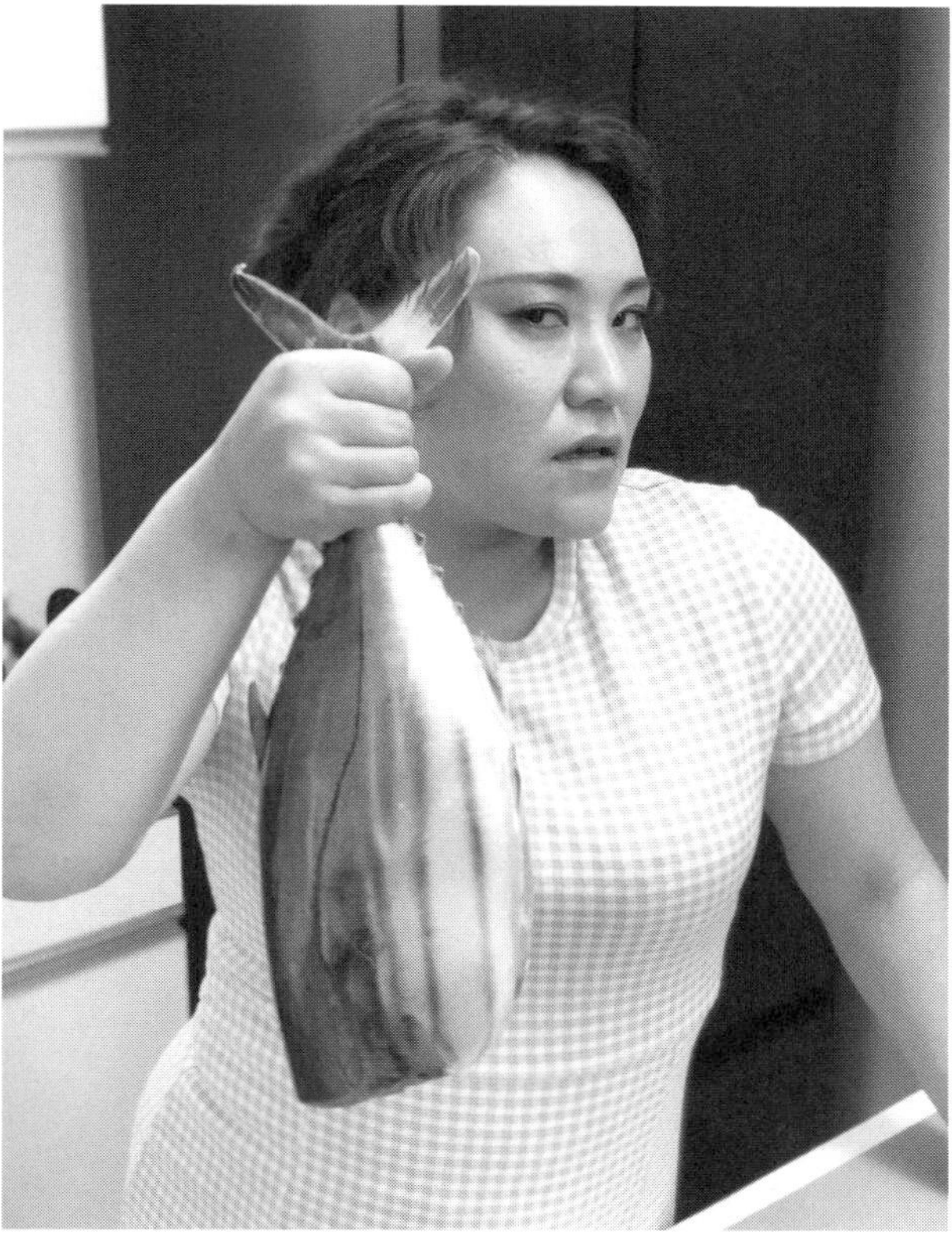

勝浦のカツオ

本音を隠して生きていた

私は35歳。肩書きは芸人。世間的にはテレビタレントという言葉が一番しっくりくるだろう。

子どものころから、器用に生きてきたほうだと思う。家族親戚の中でど末っ子の私は、みんなのアイドルとしての自覚はかなり小さいころからあった。一番最初にやった覚えのあるネタは、3歳ぐらいのころに両手でカバンを抱え上目遣いをする学園ヒロインのモノマネだった。この歳で形態模写である。

その反面、こうしてテッパンを披露すればさっきまで揉めていた大人って簡単に笑うし、かわいいかわいい言うのだと、どこか冷めた自分もいた。しかしこれは決して表に出してはいけないものだと、幼心にもなんとなく感じていた。明るくおどけていれば愛される。

本音を話したっていいことなどなかった。イジメを指摘すれば、先生にはイジメっ子張本人だと誤解されたり、思春期に生と死について深く考えていることがバレれば変人扱いされた。でも、私の本当に考えていることを聞いてほしいし、言いたい。本音を隠して生きれば生きるほど、誰かとの本音の共有を心から渇望していたのだ。

バービーとして生き始めてからは、尚更だった。

表には決して出ることのなかった私の本音。

どこに置けばいいか分からずふわふわ漂っている本音を、ちょっとの間、一旦ここに仮置きさせてほしい。自分の中で落としどころを見つけたとき、また回収しに来るつもりだ。

勝手にジャッジされる居心地の悪さ

さて、私は今、料理をしながらこれを書いている。昨晩の余ったたまねぎサラダを炒めてインドカレーにするつもりだ。休みの日は一日の大半をキッチンで過ごしている。野菜を切っているときの規則的なリズムや、鍋の中で沸騰した泡をただボーッと見ることで癒やされている。水溶き片栗粉を鍋に流し込んでぐるぐるまわして粘り気が出てくる瞬間が大好きで、一時はいろんなものに構わずとろみをつけたものだ。

この無心になれる瞬間にアイデアや言葉が溢れ出してくるのである。『さんまの

イワシと梅干しのカレー

お笑い向上委員会』（フジテレビ）などでやる、一見支離滅裂なギャグなどは、大きい声でひとりごとを言いながらキッチンで生まれたものが多い。この時間が私のリラックスできる好きな時間なのだけど、それを素直に言うことがなんだか憚《はばか》られた時期があった。「私、料理好きなんです」と言うのがシャクに障るので、聞かれたときは「自炊します」とだけ答えていた。

恋愛においても仕事場でもだ。

これまでの人生、料理できる？　と上から目線で聞いてくる人が多かった。女性側もそれに答えられる得意料理エピソードのひとつやふたつ用意していたりもした。男女のこの手の会話を目の当たりにするのに、うんざりしていた。

特に私の中では「煮物」が地雷ワードで、弁当や食卓に出てる煮物は残すくせに、大変そうという印象だけで悪びれる様子もなく、手間暇を女性からふんだくろうとする男にも、ただ鍋にぶち込めば大抵上手くいくのに、煮込むというだけで家庭的をアピールする女にもイライラしていた。両者に本当に煮物が好きか問いただしたくなるのだ。

どうして、私はそんなに料理の話題に固執するのか考えてみた。

ハンカチ然り、料理然り、その話題の奥には「キミは俺の身の回りの世話がちゃんとできるのかい？」という男性からのメッセージが隠されているように感じたのだ。要は、頼んでもないのにパートナー候補として勝手にジャッジされているような居心地の悪さ。

こういった異性との出逢いを繰り返していく中で、こじらせた私はふたつのルールを自分に課した。

「いい感じになった異性に手料理を振る舞わない」

「料理の話題が出たらはぐらかす」

日常のご飯（一人前）

「明日の味噌汁」の切ない思い出

昔、いいなと思っていた男性に玄関先まで送ってもらったことがあった。ずっと飲み仲間で、私の中ではいよいよいい雰囲気だと思っていた。別れ際ごにょごにょと何か言ったので、は？　何？　聞こえないと言ったら、じゃあねと帰られてしまった。

当時ルームシェアをしていたのだが、ドアを閉めるなり玄関から一番近い部屋で息を潜め会話を聞いていたルームメイトが飛んできて、なんで逃したんだよ！　と怒られた。なんのこと？　と聞くと、「あの人『ここで朝、味噌汁飲んで行こうかなあ』って言ってたぞ！　チャンスだったのに！」と。

全然ピンと来なかった。

お味噌汁飲みたい？　コンビニでカップのやつ買ってくるってこと？

ここに泊まっていきたい、という意味だと分かるまでルームメイトと8ターンぐらいの会話が必要だった。

ドラマのような古典的な決まり文句を初めて目の当たりにした謎の高揚感と聞き逃してしまった自分の間の悪さと、なんで味噌汁？　というハテナで、私の中の腑に落ちないエピソードの代表格となった。

同業者からはよく、自炊してるんだからもっとSNSに載せなよ！　料理のお仕事来るかもよ！　というアドバイスを頂いた。芸人として、まだまだ尖っていた20代のころの私は、「女芸人が料理上手って、あるある過ぎてしんどくないっすか？」とそれらを一蹴していた。

「しんどい」の真意は、よく使われる「胃袋を摑む」という言葉への反発でもあった。そこにあるのは、やっぱり料理は男を落とす最高の武器であって、モテるためにやるものという前提だ。特に「女芸人」という括りで語られるとき、「綺麗でもなくスタイルも良くない子は胃袋を摑むしかない」と言われているようで、それはつまり「あなた（男性）にとって都合の良い女でいるから側にいさせて」というスタンスを強要させられているようで、嫌だった。

根底にあるジェンダー差別？

女友達と3人でお茶していたときのこと。お料理好きなのにどうして隠すの？と聞かれたことがある。

豚汁と明太子クリームを入れたバゲット

「私は18歳でひとり暮らしを始めて、生活のことをなんでも努力してきた。苦手な掃除も本を読んで学んだし、力仕事だってDIYだってやる。なのに、男の人は未だに不向きだからという理由で家事をやらないじゃない」と答えたら止まらなくなってしまった。

なんで自分の生活をマネジメントしないことが独身男性だと許されるの？　結婚したら女性がやるものだと思っているからでしょう？　それまでのつなぎだと思っているからでしょう？

黙って聞いていた女友達たちは、こいつにつける薬はなさそうだなといった呆れた表情で顔を見合わせていた。

悔しかった。ただ自分の努力が、愛情という人質のもとに、ただの労働力として消費されていくのが。女性だから料理しているのではない。精神衛生上、私にとって料理が手っ取り早いストレス発散法だったことと、外食が多いから体調を整えるためにやっているだけだ。もし、私がパリス・ヒルトンぐらい爆裂なお金持ちだったら、ここまで料理はしない。長友《ながとも》選手みたいにファットアダプトの専属シェフをつけるし、そもそも無心になる時間が欲しいと思うほどスケジュールを詰めないし、ストレス源は金で解決する！
恐る恐る口を開いた友達の第一声は「厳しすぎるよ」だった。あなたにも苦手なものがあるでしょう？　パートナーとはお互い補い合っていかなくちゃ、と。

なんていう自分も……そうなんだけど！　わかってるけど！　と言いながら、頭の中では過去のパートナーにしてもらったことを思い出していた。私は昔から洗濯し終わった衣服をこまめに畳むことができず、いつも洗濯籠をひっくり返したまま山にしていた。これを裾野の狭い山にしたり畳んだりしてくれていたのはだいたいパートナーだった。

そして、仕事第一の私は、ついに洗濯さえ一切しなくなっていった。身の回りの世話をしてもらっていたのは私のほうだった。平等！　平等！　と叫んでいた私も、心の中で自分が中指立てていた男と同じように、異性のことをジャッジし、労働力を搾取していたのだ。

「家事を強要してこない人」をパートナーの条件に据えていたのは、主導権を取られたくないという私のエゴでもある。

されたことばかり考えていて、してもらったことやしてしまっていたことに目を

自家製青パパイヤ・パプリカ・キュウリのぬか漬

向けていなかった自分に気がついた。視点を置く場所次第で、こんなにも景色が変わって見える。

お互い強く引っ張り合わずに、「せーの！」で力を抜けば、エゴの綱引きを終わらせることができるのかもしれない。

時を経て、お味噌汁事件のときの自分の気持ちをもう一度掘り起こしてみた。今、冷静になってみて思う真の本音は、やっぱり「好きな男を抱くためなら何杯でも味噌汁作ったのに！」だった。今でも、強要されたりジャッジの材料にされるのは嫌だ。でも好きな男に料理を美味しいと言ってもらえることは、嫌じゃないんだ。

やらずに後悔。

もう失敗はしない。

あぶない
とびだし

偶然できた生姜の佃煮ハンバーガー

残り物で作ったら美味しかった和バーガー

新生姜が旬の時期に保存できる料理はないかと考え、冷蔵庫にあった鰹のなまり節（鰹を蒸す、茹でるなど加熱処理し半乾燥させたもの）と合わせて佃煮に。そして三つ葉と韓国海苔をごま油で和えたものを、チーズと佃煮と一緒にパンに挟んでみると予想以上に美味しく思わず写メを撮った。

その場にあるもののアレンジは外食でもやることがあり、調味料でカスタマイズして「あぁ〜あ」と言われることも多々。この術は、毎月の食費1万円でひとり暮らしをしていたころに身についたと思う。百均の食材でより美味しく食べられる方法を探し、コチュジャンと梅しそペーストを混ぜるとウニっぽくなることを発見したときはパスタにしてよく食べていた。今食べたら美味しくないんだろうけど、あのときは大好物だった。芸人になってネタ作りでファミレスに行ったときも、ドリンクバーでいろんな味を作ったり、調味料で遊んだりも（食べ物で遊んではいけません！）。タダで使わせてもらえるものは使わずにはいられない好奇心からなのかもしれない。

※P180にレシピを掲載しています。

第二章

お笑い偏差値コンプレックス

〔本当の自分って何だ〕

学生時代に起こった〝負の連鎖〟

先日、朝日新聞の企画で学生4人と対話する機会があった。テーマは、「脅し」「過剰適応」「自己肯定感の低さ」といった〝負の連鎖〟を次の世代は断ち切れるのかというものだった。

朝日新聞に集められるほどの学生たちはみんな、さすが利発で優秀ないい子たちで、もし自分が同級生だったら、見つめ合うと素直にお喋りできないほどのコンプレックスを抱いたであろう。

学生時代の自分にとっての〝負の連鎖〟なんていうのは、痩せて綺麗になりたいと頑張っているのに、お腹が空きすぎて眠れず、夜中に白米3合を食べてしまい、そのせいで寝坊して1、2限の授業をほとんど欠席してしまうことを指していた。

そんな自堕落な学生生活を送った私からすると、直視できないほど輝いて見える彼らにも悩みはあった。それらは、普遍的に若者がモラトリアム期間に抱く悩みと大差なかった。

彼らと話していると、あのころの自分がフラッシュバックしてきた。得体の知れない闇にのまれて初めてタバコを買って吸った明け方とか、池袋《いけぶくろ》のキャバクラの体験入店に落ちて、成増《なります》のキャバクラにも落ちて、志木《しき》の多国籍スナックに落ち着いた日とか、私たちは一生誰ともセックスしないまま死ぬのかなぁと語り合った学食とか……。思い出して懐かしい気持ちになった。あのころの自分に言ってあげたい。「心配しなくていいよ、大人になったらめちゃめちゃセックスするよ」と。

でも、そんなことを他人にいくら言われたところで不安がなくなるわけではないということも分かっている。自分で行動したことが糧となる複雑な時期だ。そして、心の隙間をどう埋めたらいいか分からないのは若者に限ったことではない。

笹森花菜から芸人バービーへ

学生からの質問の中にひとつ気になるものがあった。

それは「本当の自分が分からない」という悩みだった。SNSでの自分、友達といるときの自分、インターン先での自分……色々な顔を使い分けきれずに疲れているようだった。クランクアップ後の俳優が言う〝役が抜けない〟状態が、彼の中で起こっているのだ。しかも、3本同時進行での撮影とあれば、さぞ混乱するであろう。

相談を受けているときの私は、「芸人バービー」という役に引きずられて、ちゃんと話すことができなかった。なので今回は、学生さんからの質問をきっかけに改めて考えた「私がどうやってバービーという概念を作っていったのか」を振り返ってみようと思う。

放送作家や脚本家になりたかった私に、養成所の芸人コースへの誘いがかかったのが21歳のころ。「潰しが利くから」という言葉になびいて、私は全くお笑いに無知なまま芸人になってしまった。なんにも分かっていないからこそ、当時の私は尖りに尖っていた。

ただただ大きい声を出す人、下ネタに走る人、果てに脱ぐ人、こういった類いの人を軽蔑していた節がある。目標とする芸人は友近《ともちか》さんで、一番尊敬していたのはラーメンズさん。容姿や裸で笑いをとるなんてもっての外《ほか》、シリアスも様になってセンスで勝負をしている天才肌に憧れていた。絶対にポップに迎合したくないという想いと謎の自信があった（ちなみに6行ぐらい前から、書いていて首の後ろが痛くなるほど恥ずかしい）。

ところがどっこい、すぐにセンスなどまるでないことを知る。

当時の人気番組『爆笑レッドカーペット』（フジテレビ）で、業界内でも全くの無名のまま華々しくデビューすると、とんとん拍子に仕事が舞い込んできた。

天性の恥ずかしがり屋と斜に構えた態度によって、ネタ見せ会ではネタを披露しなかったり、ライブに出てもトークで他の芸人より前に出たことのなかった私が、一流芸能人たちの前に出てカメラを向けられできることなど何もなかった。センスのある面白いことなど、言えるはずがなかった。

こうして私は、強烈なお笑い偏差値コンプレックスも抱えることになる。芸人という肩書きでお金をもらいながら。

芸人としての「限界」

理想と現実にはかなりの隔たりがあった。

「センスないことがバレないように、とにかく芸人っぽくしていよう」

私は生まれて初めて見たものを親と思うひよこのように、とにかく周りの先輩やセンスのありそうな芸人仲間の真似ごとをしてみた。が、吸収するので精一杯。

カレーダイエットで20kg痩せ、方向性を見失っていたころ

結果を出さなきゃという焦り、とにかく現場を沸かさないといけないという強迫観念、忙しさと環境の変化で、最初の3年ぐらいはよく覚えていない。覚えていないというか、今振り返ると、何が私を衝き動かしていたかが分からないという感覚だ。

芸人としての進退を考えるほど、私の中のお笑い偏差値コンプレックスはピークに達していった。そんなとき、人気バラエティ番組『リンカーン』(TBS) 2時間スペシャルの、伊東《いとう》のハトヤホテルの舟盛りの限界を調べてみようという企画で出演依頼があった。ダウンタウンさんをはじめとする一流芸人や旬の芸人、女性タレントなど50人ぐらいが参加していたと思う。芸人なら誰しも緊張する大舞台だ。

実はこのとき、私は密かに賭けをしていた。「今回、ハネなかったら芸人を続けていられない。次の道を探そう」と。バラエティ界トップクラスの猛者たちが宴会場に詰め込まれて、そこは台本なしの出たもん勝ちの戦場と化していた。みんな、出走前の競走馬の如く鼻息が荒いそんな中、一番後ろの卓で私はびびっていた。一緒のテーブルだった、ずんの飯尾《いいお》さんが「バービー、行かなくていいのか?」とずっと気にかけてくれていた。

もう最後になるかもしれないんだし、やれることをやってしまえ！　と目の前の瓶ビールを勢いよく飲み干した後、気づくと私は周りのグラビアアイドルたちを何人も投げ倒していた。そこからは、先輩たちのツッコミという名のレールにポンッと乗ったら、あら不思議。ダウンタウンさんにもキスしていた。しまいには、ハトヤの館長にも。これが私の十八番《おはこ》〝キス芸〟誕生の瞬間である。

私はこのおかげでやっとコンプレックスから解き放たれ、目が覚めたのだ。

それ以降、今は20代前半に絶対になりたくなかった芸人像で飯を食っている。美味しい飯だ。私のキャラなんてのは、とにかく必死になりふり構わずやっている間に、ほとんど周りの人たちが作ってくれた。

キャラクターの「因数分解」

私は昔から自分がよく分からなくなったり、悩みがあると感情をすぐメモしていた。そんなとき、私は「キャラクターの因数分解」をする。

白い紙の真ん中に主題を書き、自分が周りから言われたことのある言葉や、目指すもの、パブリックイメージなど、連想しうる言葉を書き連ねる。例えば、バービー（主題）を因数分解するとき、「下品」「汚い」「ブス」など自分で書きたくもない言葉や、「明るい」「元気」「運動神経がいい」などの良い面の言葉をバランスよく全て書き出す。そして、それを数珠繋ぎしていき、できなくなったら気になる言葉を類語辞典で引いてどんどん膨らませていく。すると、そのものの本質に辿り着ける、というものだ。

先日、相方のハジメさんで試してみた。彼は今、芸人業より釣りに夢中だ。相乗効果で釣り芸人というキャラ作りができればいいのになぁと思っていたのだが、上手くいっていないようだった。釣り師として「自然と向き合う」という性質がありながらも、芸人として「ちゃんとしている」とか「いい人に見られたい」という邪念が捨てきれていないことが、キャラクターの輪郭をぼやけさせている原因だったと分かった。

「常識と自然」、「規則性と不安定」、ふたつの全く異なる本質に翻弄されていたのだ。

タレント然とした清潔感はこの際捨てて、アウトドアブランドの服を着て、昔生やしていた髭を復活させて、釣り師としての信用を得るようなファッションや態度

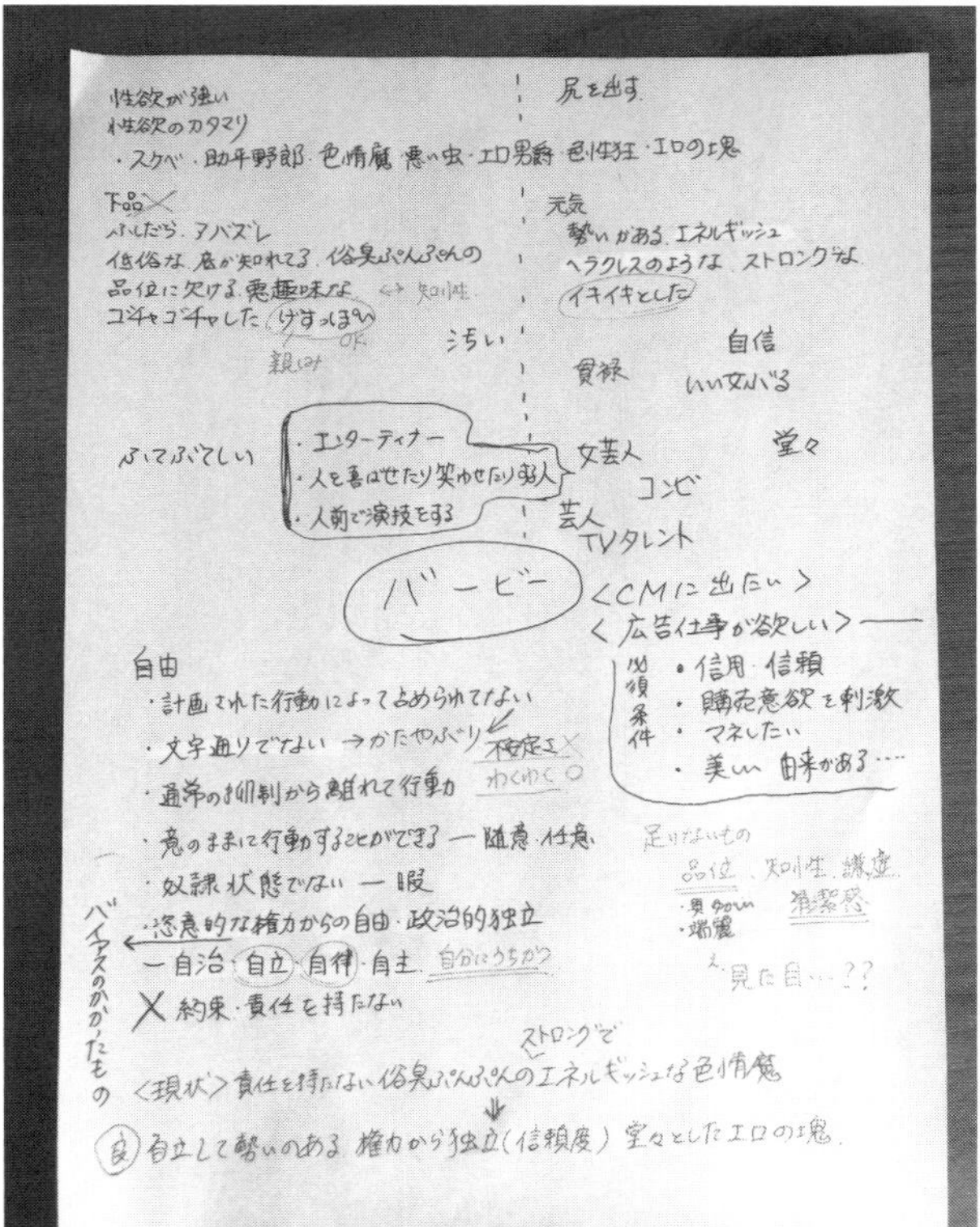

バービー本人の「因数分解」をしてみると……

地元の町おこしのために自ら発案したキャラクター「コロボッ栗」。しかし全く浸透していない

をとるとよいという結果に落ち着いた。

周りが0から5ぐらいにまでしてくれたキャラ付けの精度を上げていけたのは、感情に流されず、この因数分解を日頃からしていたからかもしれない。未だにやりたいことに迷ったときや、モヤモヤすることがあったりすると、私は何度も因数分解する。長い時間がかかったが、こうして私は、今「バービー」と本名の「笹森花《ささもりか》菜《な》」というふたつの「役」を納得して受け入れている。余談だが、「甘えん坊の花菜ちゃん」という役もあって、こちらは本能に従うままの野放し平飼い状態だ。

「役」から武器を手に入れられる

昔に比べてさまざまな「役」を必要とされる社会に生き、「役」という仮面をたくさん持ちすぎるために、こんがらがったりすることは誰においても増えてきているのではないだろうか。

いくつもの「役」を持っていてもいいと思う。私の場合は、「役」の手持ちが増えることで、不安になることが減った。むしろ、ひとつひとつの「役」から、武器を手に入れているとさえ感じることがある。

たくさんの仮面を持つことは、色々な人の考えに寄り添えること、さまざまな角度の視点を持つこと。それを踏まえて取捨選択していった幹となる自分は、以前より濃くなっていると思うのだ。

本当の自分が分からないというのは、仮面がいくつもあって混乱するというよりも、自分が何で充たされる人間なのか分からないということなのではないか。

そんなときは、「生きがいの因数分解」をしてみては、どうだろう。

もちろん、因数分解をしていって、やっぱりこれは嫌だと思えばやめたらいいし、嫌だけどちょっと我慢して「これも自分だ」と思えたら、その役を続ければいい。

私もそろそろ、下品・アバズレの役をおろして、洗濯用洗剤のCMの仕事がしたい。

コミュニティの数だけ役は増える。涙の数だけ強くなれるように、役の数だけ優しくなれる。

ということをあの学生さんに伝えたい。

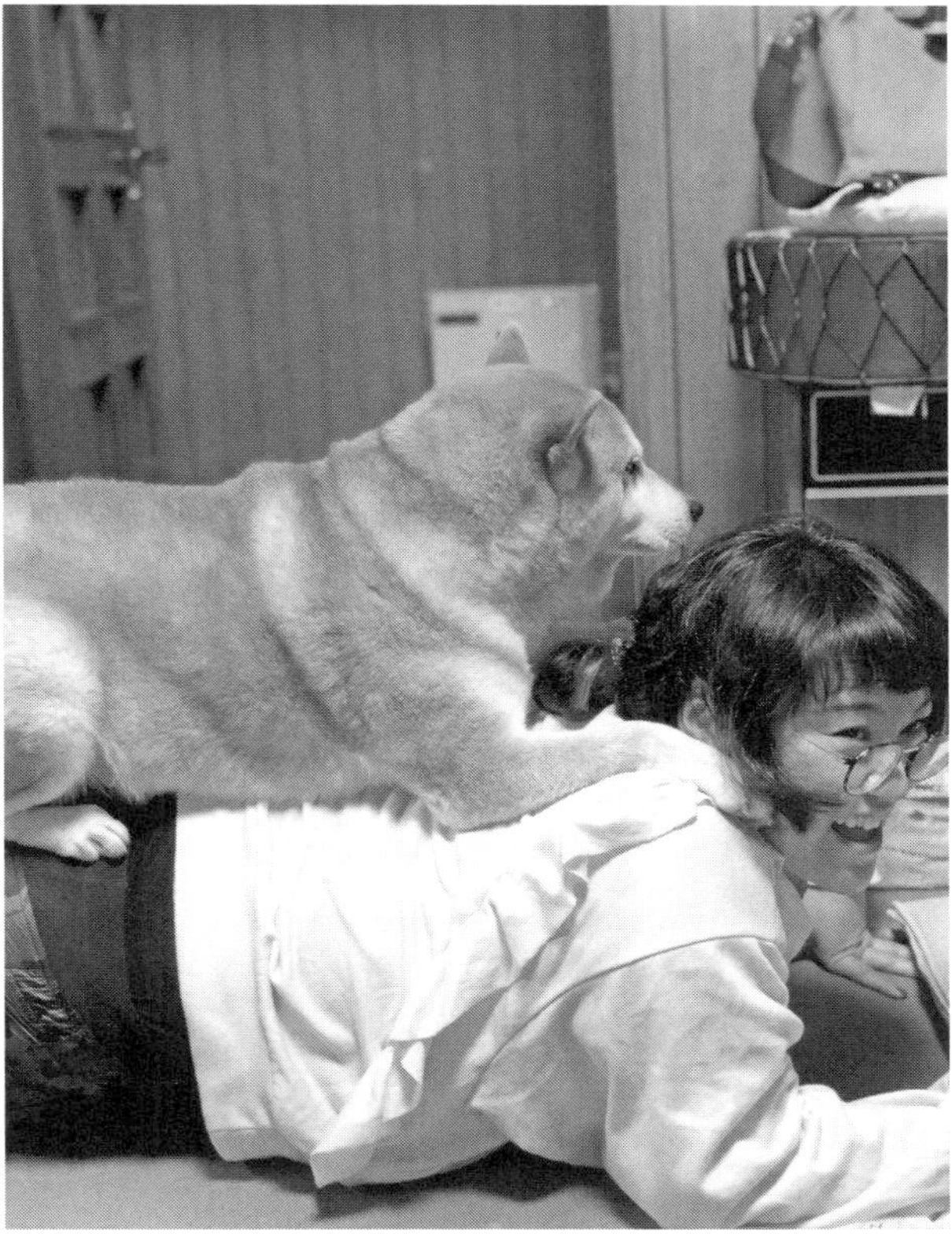

北海道の親友の家で

〔バービーの思い出レシピ②〕

下積み時代に通った店

かなちゃん
柿の葉とこんにゃくを
ガーゼにつつんで
腰に貼れば
腰痛やわらぐらしいわよ
by 虎落吹のママ

偶然の出会いが引き寄せたバービー誕生の地

下積み時代は梅ヶ丘に住んでいて、近所にあった「虎落吹《もがり》」は毎日のように通った飲み屋。初めて行ったのは心霊ロケに行った日で、霊媒師が除霊に失敗したまま帰された私は「一人でそのまま帰るのは嫌だ」と思って立ち寄った。そこで、店のママや客として居合わせたゲイの振付師に話を聞いてもらい、気落ちせずに帰宅したことを覚えている。ただ、その振付師も近所に住んでいて、帰りに私の部屋中に塩を撒き散らし「もう霊はいないでしょ？」と帰って行った。リモコンの隙間にも塩が入り、掃除が大変で「何してくれるんだよ！」と思ったが、恐怖を取り払ってくれたので感謝している。

それから毎日彼と会うようになり、虎落吹を基点に新宿2丁目や六本木のクラブへ繰り出し、私の夜遊びはこの日から始まった。現在、私の衣装を担当し、この本の表紙の衣装も用意してくれたスタイリストも彼が紹介してくれた方で、虎落吹での出会いがなかったらド派手な衣装を着た肉食バービーは存在しなかった。まさに私の原点。コンビではなく、個のバービー誕生の地である。

※P181に店舗情報を掲載しています。

第三章

ノーブラで街を歩きたいと思った理由

〔体のコンプレックス〕

おっぱいの悩みを話すことが恥ずかしいことだと知らなかった

2020年2月、私は、下着メーカー「PEACH JOHN」から、オリジナルのブラジャーを発売した。構想約2年、自ら企業の門を叩いて摑み取ったコラボだ。私自身が日本の下着業界に不満を抱えていたから、じゃあゼロから作ってしまえ！ という、学園祭実行委員的なワクワク感でスタートした。

さて、この企画、SNSで発表してからというもの、私のもとには、下着に関する鬱積した悩みが続々と届いた。かぶれを起こしながらも身体に合わないブラを使っている人、卒乳してから胸の張りがなくなった人、アラフィフなのですが使ってもいいですか？ という許可申請など。コメント欄に書くのが恥ずかしいから、とDMで長文を送ってくる人も少なくなかった。

おっぱいの悩みを話すことが、そんなにも恥ずかしいことだと知らなかった私は、DMメッセージを読んで、日本の下着が一向に変わらない理由が分かった気がした。いや、メーカーの方々は日々工夫を凝らしているのだが、基本的にかわいいデザインや機能性の高い下着はサイズが限られていて、メーカーサイズからあぶれた人たちは、声をあげることさえ憚られていたのだ。現に会議の際、自分の下着に対するさまざまな不満を話すと、「そんな悩みがあったのですね。知りませんでした」という言葉が返ってきて、お互いに驚いた。今まで私たちの不満は全く企業に届いていなかった。届いていたはずがない、恥ずかしがって声にしてこなかったの

だから当たり前だ。

容姿について話すことと、容姿についてディスることの違い

私は小さいころ、自分のことを男の子だと思っていた。家族に聞いた話だが、畑のど真ん中に立ち、兄の真似をして立ちションしていたらしい。小学生のころは、スカートを穿いたことはなく、髪型はいつもショートカット。短期間ではあるが、女子でひとりだけサッカー少年団にも入っていた。

それにもかかわらず、私はかなり発育のいい子どもで、小学4年生ぐらいから少しずつおっぱいが膨らんできた。しかし、それが恥ずかしがらなければいけないものだと理解したのはかなり後のことだ。膨らんできた胸元の肉の塊を見て「うわっ、女じゃん。女体っ」とニヤついたものだ。バカ殿様に出てくるお風呂に入った腰元たちの、あのいやらしいおっぱいが私の胸に生えてきた！　と面白がっていた。

中学2年生のとき、「笹森っておっぱい大きいよな」と言われたことを覚えているが、あまりにも素直な感想だったので、嫌な思い出の引き出しにはしまわれてい

小学校４年生のとき

ない。でも同じころ、クラスの男子に「柔道部はこの学校にないぞ！」とガチムチな体型をからかわれたことはよく覚えていて、実際その言葉を受けて、人生で初めてのダイエットをした。女性として身体のことを言われるのが嫌なのではなくて、ディスられたことが悲しかったのだ。容姿について触れることは、言葉の裏にどういう真意があるかで、笑いにもなるし、心の傷にもなる。私にとって、容姿や女性的な身体の変化は客観的事実に過ぎず、ただ認知するだけで、馬鹿にされない限り、そこに感情が入るようなものではなかった。

人の目が気になり出したのは18歳で進学のため上京してきてからだ。私が入学したのは、私大のマンモス校で、ファッションや体型を気にしている素振りがないと人じゃない、くらいの空気を感じた。

個性的な古着ファッションが大好きな私だったが、女子大生らしくなるため、エビちゃん、もえちゃんになるべく赤文字雑誌を読み、白いTシャツにジーパンのギャル路線を半ば暴走気味に走り出した。ホームセンターで買った、遠目で見たらコンバース（?）なスニーカーを履いて。

ピチピチの大学生時代。テニスに明け暮れていた

ノーブラで街を歩きたい

大学生になり、異性から〝女〟認定されていると気づくのに、それほど時間はかからなかった。「モテる」という意味ではなく、良いも悪いも含めた、いままで感じたことのない〝女〟という記号に当てはめられた視線だ。おっぱいはその最も分かりやすい象徴だった。

正直、最初は「女性として見てもらえること」の嬉しさや優越感みたいなものがあったが、女としての点数を勝手につけられ、取りたくもない相撲の土俵に立たされてしまった辛さも生まれた。まるで、負けることが分かっているのに、アイドル総選挙に強制参加させられたような感覚だ。

女としてじゃなく、私という人間を見てほしい。女である自分が嫌なんじゃない。「おっぱいがくっついている私」を〝人〟として認めてほしいだけなのだ。

女子大生というレッテルに、旨みを感じながらも激しく反発する自分がいた。この自分の中の矛盾をどう表現したらよいのか分からず、ノーブラで白Tシャツを着て街を闊歩しようと試みたことがある。

日本では、うら若き女性の乳首がポチッと透けるなんてはしたないことという風潮があって、もしそのようなことがあったら隠したり恥ずかしがらなくてはならない。それが、女性たるものである、と。ノーブラ乳首ポッチ大作戦は、その女性という偶像に対する反発だったと思う。

誰にだって、乳首は付いていて、それがリアルなのに、どうして隠さなきゃいけないの？　それが、はしたないことにされるのは、透けた乳首に性的な感情を抱いてしまった側のやましさではないのか？

同時期に、浮きまくった乳首を隠すことなく、そのウェア姿を全世界に放送されながらも堂々と勝負に臨むシャラポワ選手がとてもかっこよく見えたというのもある。その美しさで注目を集めながらも、乳首が浮いていようが性的な視線など気にせず、テニスを通じて自分を表現している姿に感動した。

私もシャラポワ選手がサーブを打つときのように、ノーブラ乳首ポッチで、ポウと叫び、太陽の下を歩けたらどんなに気持ちいいだろう。でも、一介の女子大生がそれをやったところで、そのメッセージ性など伝わるわけもない。むしろ、気が触れた痴女だと思われるだけだ。そう言って私を止めてくれた友達は、黒歴史を作らずに済ませてくれた、命の恩人かもしれない。白Tシャツにノーブラはリスクが高すぎた。

誰かのために下着姿になったわけじゃない

若い女性は、ただ生きているだけで性的な目を向けられることもある。顔をすっきり見せるためにVネックのセーターを着ていたら「谷間アピールかよ」と言われたり、「そんな誘っているような格好をして」など、なぜか叱るようなニュアンスであたかも女体が悪いかのような言葉を投げかけられたり……そんな経験のある人は、何パーセントくらいいるのだろう。そのうち、好きな服すら着られないのかと諦めの境地に至る人も多くいるように思う。

マジョリティに抗って生きることほど、面倒臭いことはない。

そもそも、身体のコンプレックスは、誰が決めるのか。

今回、下着を作るにあたって、ヴィジュアルイメージのディレクション会議にも参加して、自ら広告モデルも務めた。コラボしてくださったPEACH JOHNには、一般とはかけ離れたナイスバディなモデルさんを使わないという、大きな賭けとも思える決断をしてくださったことにとても感謝している。結果、一般の方から公募し選ばれたＰＥＡＣＨ　ＪＯＨＮの下着の魅力を発信するリアルサイズモデ

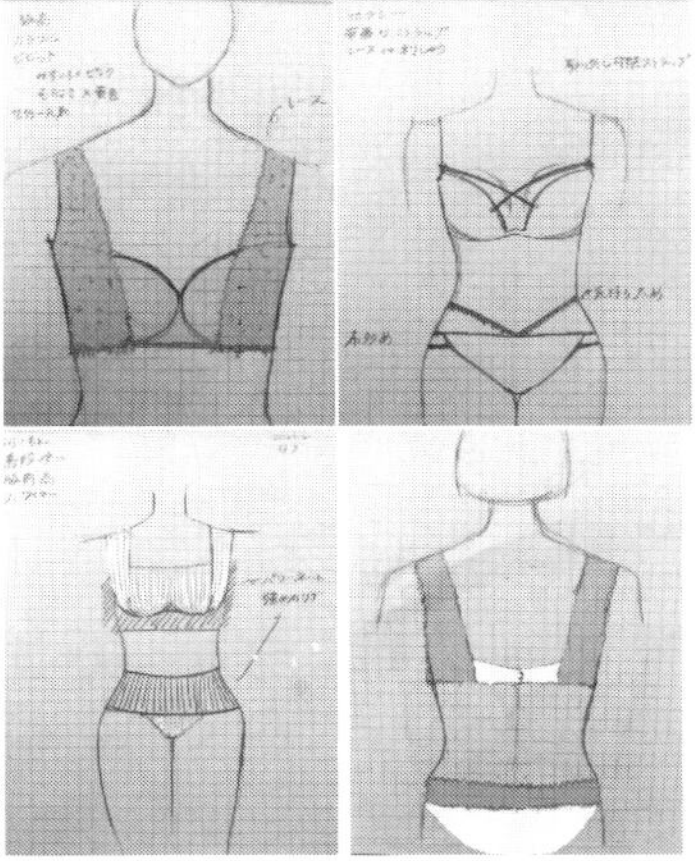

自らPEACH JOHN下着の広告モデルを務めた（写真上）。下はバービー自筆のデザイン画

ルを起用したヴィジュアルイメージは、予想外に好意的な反応だった。

しかし、「バービー〝エロ過ぎる下着姿〟に賛否…」などと題したネットニュースが一部登場したのも事実だ。〝女性ウケは万全だが、男性からは少々厳しい意見が出てしまったようだ〟と結ばれていた。もちろん、女性の中にも「太ってる人がモデルをやってる下着なんて買いたくない」という意見があった。広告なので、消費者目線からそういった感情が出るのも、想像はしていた。従来の広告モデルのように細くなるために努力をしている人が、自分が目標にしてきた美の基準を壊すものに出会ったとき、認めたくない気持ちになるのも至極真っ当だ。

ただ、「これ誰得?」とか、「需要どこにあるの?」という、ブラジャーを使わない一部の攻撃的な人たちのお門違いなコメントが賛否にカウントされてしまうのは、どうにも解せない。

私は、〝下着モデルをしている私〟じゃなくて、自分の作った作品を見せたいだけで、そもそも女性の日用品であるブラジャーを、エロ目線で勝手に評価されたかったわけではない。そういうことが余計なコンプレックスを抱かせ、日用品の悩みなのに声をあげづらくさせる。彼女たちの口を塞いでいるのは何かわかったような気がした瞬間だった。

合うブラジャーがなくても、あなたも、おっぱいも悪くない

声に出せないのは女性に限ったことではない。異性からの性的な言動はコンプレックスを生みやすい。男性からも男性器を大きく見せる下着をプロデュースしてくれないかというコメントをもらったくらいだ（余談だが、このタイミングで男性器の類語を検索したら「ポケットモンスター」という単語が出てきたのだが、口語として聞いたことがある人がいたら教えてほしい）。

今回、私のもとに寄せられた悩みで一番多かったのは、やはり「サイズ」に関するものだった。既製品のブラジャーが入らなかった人たちは、企業が用意したサイズが入らない＝普通ではない、と自分を罰しているように見えた。「私が痩せて胸を小さくできればいい話なんですが、申し訳ない」というように。

でも、おっぱいは何も悪くない。

おっぱいが大きすぎたり、小さすぎたりして、合うブラジャーがなくても、あなたが罪悪感を感じたり、声を殺す必要はない。堂々と自分の身体に合う下着が欲し

いと言っていい。

やっとの思いであげてくれた賛同の声に対して「誰得?」「需要どこ?」と言われると、グッサリと心に刺さる。攻撃の中で一番怖いのは、〝予期せぬ攻撃〟だ。お笑いにはセオリーがあるから、いじりが笑いになるが、不意なカウンターはクリーンヒットしやすい。

二度とふいに傷つかないための心の準備が、コンプレックスを増幅させ、自己肯定感を奪っていく。

ただ生きているだけなんだ。こっちだって!

おっぱいが付いていようが、ポケットモンスターが付いていようが、ひとりの人間なのだ。


〝人〟としての自分の身体をありのままに愛す。

それができない世の中だったから、私は下着を作った。今はまだ小さいその声が、大きな美しいハーモニーになる日を願っている。

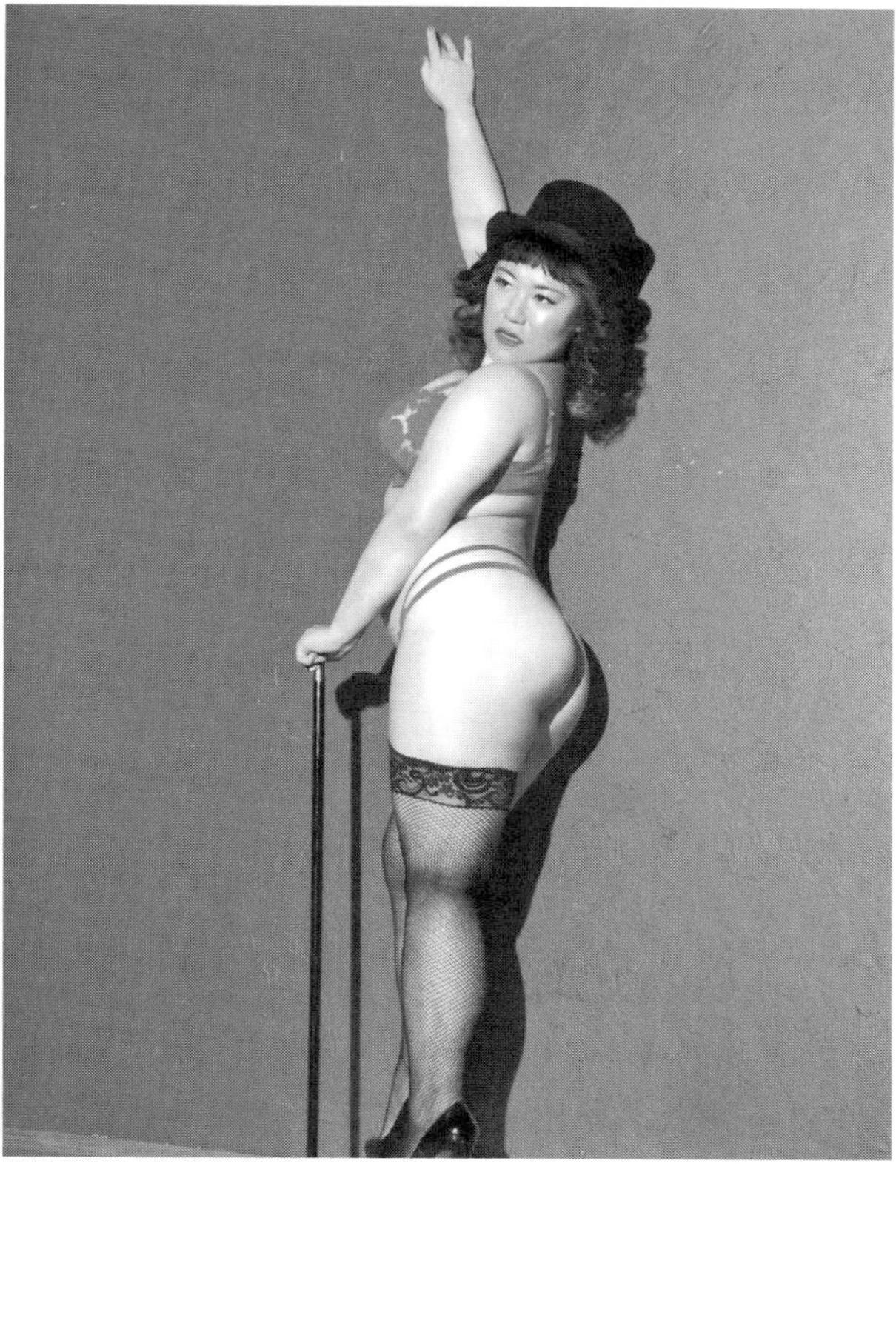

朝食に欠かせないオイルたち

体と脳がシャキッ！　朝食に欠かせないオイル

スーパーに行って新しいものが出ていないか必ずチェックするほど私の食生活に欠かせないのが食用オイル。今はMCTオイル、えごま油、インカインチオイルの3種を愛用している。今回紹介するのは実際に使ってみて自分に合っていると感じたもの。オイル摂取を始めた1年くらい前は、ダイエット本やネットでおすすめされているトンデモ情報を鵜呑みにして大量にオイルを飲み、お腹を壊したり、顔がブツブツだらけになったこともあった。そんな失敗もあったが、今は試す前にきちんとリサーチし、無茶はしない。学びながらうまく付き合えるものを選び、良さを体感している。

私は朝食のサラダ（生野菜）にオイルと塩を適量かけて食べている。オイルをかけると腹持ちがよく、体や脳みそに栄養がまわっている感じがするからだ。頭の回転もよくなる気がするので、朝摂るようにしている。この食生活を続けてから快調で、体重も少しずつ落ちていく。でも結局外食すると2〜3人前食べるからプラマイ0。いやちょっとプラス。人生と体重は山あり、谷ありだ。

※P181に愛用中のオイルを掲載しています。

第四章

〔ツルツルへの執着〕

「脱毛」に失敗した切ない思い出

姉から学んだ「ムダ毛」の存在

日本では、股間まわりの体毛を処理している人は比較的少ないと言われている。そんな中、15年以上もの間、私がなぜ「ＶＩＯ脱毛（下半身デリケートゾーン脱毛）」にこだわり続けたのかをお話ししたいと思う。

私は４人きょうだいの末っ子で、姉がふたりいる。年が６つと４つ離れていて、性格も趣味もバラバラだったが、姉たちから唯一影響を受けたものは「脱毛」だった。

当時は、築年数30年以上のトラックが通ればガタガタと揺れる木造の家に住んでいて、２階の屋根裏みたいに天井が斜めになっているところに３人の部屋があった。夜になると、屋根裏でネズミが柱をガリガリと噛む音が聞こえるその部屋で、毛深くもないのになぜそこまで体毛が憎いのか？　と不思議に思うほど、姉たちはコストも労力もかけて除毛・脱毛に励んでいた。

特に年の近いほうの姉は、几帳面かつ完璧主義なため、「体毛＝ムダ毛＝一本も残してはならないもの」といった感じで念入りに毛と対峙していて、よくムダ毛撲滅活動に付き合わされた。私は小学校低学年で「ムダ毛」という概念に出会うこととなる。

私たちは他の家の姉妹に比べて、決して仲の良いほうではなかったが、彼女たちが中学に上がるころ、私が小学2年生ごろから、最先端の脱毛グッズをあれこれ試し、脱毛に関しては結託する〝脱毛姉妹〟だった。

「バービー家」家族の肖像

小5で「つんく」と呼ばれた日

除毛クリーム、脱色クリーム、シェーバーなど簡単に処理できるものから、ジャギジャギとシザーハンズが興奮したときに出すような怖い音の出る回転式脱毛器、一本一本毛を摘み電気を流して抜くニードル式のものまで。それは使い続けると毛が薄くなると謳われたものだったが、今考えるとあれはただの電流の通るピンセットだったと思う。歴史をふり返ると、家庭用脱毛器の性能は急速に進化している。

当時は、毎年脱毛器の新シリーズがCMで宣伝されていて、「きれいなお姉さんは、好きですか?」と問いかけられるたび、姉妹で相談してお年玉をつぎ込んだ。

しかし、小学生に脱毛するほどの体毛などあるはずもなく、それでも姉たちのように毛を抜きたかった私が見つけたムダ毛は眉毛だった。限界まで眉毛を細く抜いた結果、小5で「つんく」と呼ばれた。

アーチの美しい眉毛が整うとアイメイクをしたくなり、そうすると、ファンデーションを塗りたくなった。小6ぐらいになると、そこらへんに出しっぱなしになっている母の化粧道具を借り、デヴィッド・ボウイのようなメイクをして、ひとりだけのメイクショーを開催するようになった。

あのときの私にとって、メイクはただのお絵描きと何ら変わらなかった。未だにその感覚は残っている。今考えると、「脱毛」こそが私の美意識の礎だったと思う。

憧れの永久脱毛サロンへ

中学に上がり、姉から「永久脱毛」の存在を教えてもらったときは、雷を受けたような衝撃が走った。「永遠に毛が生えない」「お手入れせずにずっとツルツル」それは私にとって、どんなに食べても満腹にならないギャル曽根の胃袋ぐらい、喉から手が出るほど欲しいものだった。姉曰く、それがシティにはあるという。それを聞いた私は、絶対に東京に出たいと思った。

有言実行で、私が初めて脱毛サロンに行ったのは大学生のとき。ちょうど20歳のころだ。当時のエステサロンの永久脱毛は、なかなかに高額で、親の仕送りとアルバイト代を合わせて月13万円ぐらいで生活をしていた私には手の出せないものであった。全身脱毛コースで１００万円なんてザラな時代だった。フリーのクーポン雑誌を読んでは溜息をついていたある日、電柱に貼ってあった貼り紙を見つけた。

【2万円両脇　永久脱毛　10年保証】

これだ！　ついに時は来た！　でも、10年保証ってどういうことだ？

広尾《ひろお》駅近くの電柱だった。テニスの練習のために初めて降りたったおハイソな街の電柱には、こんなお得なチラシが貼ってあるのか！　と、田舎者丸出しで人目も憚らず覗き込んで熟読した。チラシの写真を撮り、帰ってすぐに電話をかけて予約をとりつけた。

いざ行ってみると、想像していたイメージとは全く違い、そこは汚くていかがわしい新宿の小さな雑居ビルだった。エレベーターを降りたらすぐ、ピンクのお揃いのTシャツを着たお姉さんたちが3〜4人いて、フランクな接客で施術室に通された。ビルのワンフロアがこれでもかというくらいにカーテンで仕切られていて、ベッドを可能な限り置いてやろうという〝質より量〟の企業理念が丸出しだった。あり得ないほどの出力でやっていたのだろう。今では考えられないが、医療脱毛でもないのに両脇の施術3回ほど通っただけで、脇毛は生えてこなくなった。

そんな折に、VIOの追加コースの勧誘を受けた。たった2万円でいいと言う。

その誘いにのった私は、初めてのVライン脱毛をすることになり、「予め自分の好きな形に整えてきてくださいね」とお姉さんに言われた私は、ジャングルなV毛をどれくらいの面積にするか悩んだ。

旅館の朝ご飯に出てくる味付けのり形が、まだ当時の主流だったのでは？　と思うが、私はそれだけは避けたかった。キューピーちゃんのヘアスタイルぐらいの感じで、上部に向かって徐々に薄くしていくパターンにしようと決めていた。

ところが、サロンに行く前日にちょっとした事件が起こる。そのとき、私はハタチのうら若き女子大生。ひと回り以上年上の彼氏の剃毛プレイをうっかり受け入れてしまったのだ。ツルツルな股間になることが、最初から運命で決まっていたかのようなパイパンへのプロローグである。最中は翌日のサロンのことや、お姉さんの「整えてきてくださいね」の言葉もすっかり忘れていた。

翌朝になってようやくレーザー照射のことを思い出し、いくつかの言い訳を考えながら、サロンに向かった。しかし、ジョリジョリに剃られた私の丘を見て「全照射ですね。はい、わかりました」とお姉さんに言われ、まだまだ図々しさの欠片もなかったハタチの私は何も言えなかった。

『世界の果てまでイッテQ！』（日本テレビ）台湾登山ロケ

股間に「病気の野良犬」が……

ご存じの人もいると思うが、永久脱毛は1回の施術で全く生えてこなくなるわけではない。1度VIO全照射しても、しばらくすれば、しっかり生えてくる。やはりこのサロン、驚異的な出力だったのか？　すぐさまパイパンにはならなかったが、よく火傷のトラブルを起こしていただけあって、Iラインだけはすぐに生えてこなくなった。

幸い私には肌トラブルはなく、回数が少なくて喜んでいたが、施術台の上で飛び跳ねるほど痛かった。特に粘膜の近くは冷や汗が出るほどだ。初めてIラインの施術を受けたときは、お股をカエルのように開いたまま、あまりの痛さに驚いてビクッと身体を震わせ、大きい声を出してしまうほどだった。

施術してくれたお姉さんが、甘くエロイ声で手を握りながら「大丈夫だよ」「あと少しだよ」「いくよ？」を繰り返し言ってくれて、恥部を近くで見られている恥ずかしさと、パンドラの箱が開いてしまいそうな変な気分と、痛さで、とてもスリリングだった。

そして、10年保証の約束は守られないまま、その後すぐにサロンは潰れた。レーザーを受けた部分は、弱い毛根から死んでいくので、レーザー脱毛途中だった私の丘には毛がまだらに生え、まるで病気の野良犬のようになった。この股間で飼っている汚い野良犬をなんとかしなくては！　という思いが常に頭にありつつも、芸人を始めて大学生時代よりも極貧生活をしていた私は、サロン脱毛から遠ざかっていった。

途中、芸人として何としても売れるぞ！　という願掛けで、股間の毛をカミソリで全剃りするという奇行を2度ほど繰り返したが、VラインとOラインの毛は、存在の必要性を主張するかのようにグングン生えてきた。

もう元には戻れない

「電柱にチラシを貼るようなお店に行くからだよ」と友達からもツッコミが入ったが、そもそも私は「紹介」では動かないタチで、いつもチラシを見ての飛び込みや、安さのインパクトで衝動的に決めてきた。

誰も知らないお得な情報をゲットしたい。そんな気持ちが裏目に出ることはしょっちゅうで、インド料理店のトイレに貼ってあった家政婦派遣のチラシを見て頼んだら、家事をしたことのないような大学生がやって来て部屋をぐちゃぐちゃにされたこともある。

自分の足で稼いだものしか信用しないという謎のフロンティア精神があり、ヒリヒリしたスリルがあることで生きていると実感する。そして、有り余る好奇心でどこへでもひとりで飛び込んでいく。このスタイルは結局、安物買いの銭失いになっているのは間違いない。

結局今は、OラインとVラインのあと2本を撲滅すべく、コースより料金の高い単発の医療脱毛の施術を受けている。腕や脚、指の毛はまだ残っているのに、いつの間にか、とにかく陰毛の全滅を目指し、ツルツルであることに執着してしまった。手のかかる子ほど可愛いのは世の常だ。恋愛においても開拓と実践を重視する私にとって、VIOの永久脱毛は魔法のアイテムを手に入れたくらい心強いことだ。【清潔】【お手入れからの解放】【いつでも準備OK】の三拍子揃ったツルツルを知ってしまったら、もう戻れない。

私はもうツルツル中毒だ。この爽快感は何にも代え難い。

残り2本の脱毛も完了を迎えようとしているこのごろだが、最近新しい毛の悩みが出てきた。それは、頭髪の薄毛である。

求めれば手に入らず、理想に近づくために彷徨い歩く。

こうしてまた、「毛」から、人生を教わったのである。

私はまた、飛び込みで育毛サロンを探している最中だ。

バービー家のぬか漬け

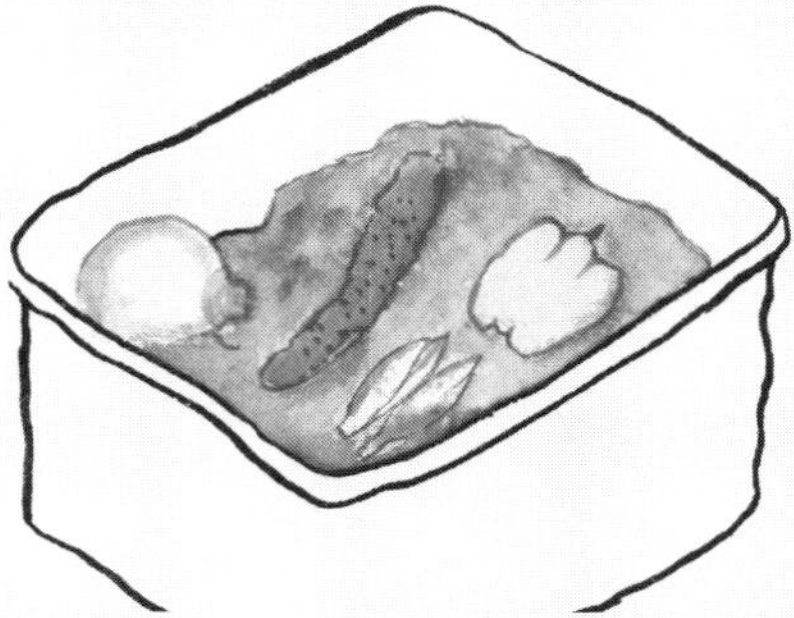

思いも大事に引き継いでいる我が家のぬか床

健康や美容にいいと言われるぬか漬け。約5年前にぬか床作りを始めた。今のぬか床は2年前に作ったもので、リカバリー真っ最中だ。もともとは、道の駅で購入したぬかに塩を入れて作ったのだが、『昼めし旅～あなたのご飯見せて下さい～』（テレビ東京）のロケで伺ったお宅のおばあちゃんに100年モノのぬかを分けてもらったのでそれをミックスして育てている。

『昼めし旅』は交渉や場つなぎを自分で行うため、合間にお話ししているうちに仲良くなり、おばあちゃんがうちのを持っていけと言うので遠慮なくいただいた。大豆や卵の殻など色々なものが入っていて、代々受け継いでいるぬか床を大切に育てているようだった。おばあちゃんは耳が遠く、他の話は全然聞こえていないのに、ぬか漬けの質問だけは聞こえるようでお喋りが止まらなかった。だから大事にしなきゃと思ってリカバリーしながらなんとか頑張っている。最近よく漬けるのはきゅうり。味のブレがあっても食べられるから結局きゅうりに行き着いた感がある。

※P182に自家製のぬか漬けを掲載しています。

第五章

〔結婚について〕
勝手にマリッジブルー

結婚観は3日に一度変わる

35歳3ヵ月現在、私の結婚観は、3日に一度変わる。それくらい、答えの出ない自問自答の無限ループに陥るお年頃だ。

私が結婚をしていないのには、前向きになれないいくつかの言い訳がある（ここでは、そんなこと言う前に相手いるのかよ！　というツッコミは大胆に無視していこうと思う）。家庭に良いイメージが湧かない。手続きが面倒。などなど、挙げれば煩悩の数より多くの理由が出てくる自信があるのだが、要は自由に私らしくいられるかどうか不安、というものが大部分だ。

芸術は爆発だ！　と言った岡本太郎《おかもとたろう》のように伸び伸びと自由を愛し、僕が僕であるために勝ち続けなきゃならない、と歌った尾崎豊《おざきゆたか》のようにヒリヒリと生きたい。アートやクリエイティブに生きる人は何にも縛られず孤独でなければならない、という強迫観念が、私の中にある。

芸能界は「正負の法則」で語られることが多い。あの美輪明宏《みわあきひろ》氏もその言葉をタイトルに入れて、著書としてまとめたほどだ。何かを得れば何かを失う。光があれば影がある。というような理論だが、私も実感を伴ってこの法則の信者である。テレビの中では特別な光を放っている人でも、裏では濃い影を背負っていたりすることはよくある。そんな人を見聞きするたび、華やかな成功は何かしらの犠牲の上に成り立っていると思わざるを得ない。

そして、芸能界にはこの「正負の法則」で生きてきた大御所たちの数々の逸話が都市伝説として語り継がれている。この類いのゴシップを肴に飲む酒は痺れるほど旨い。

スターは幸せであってはならない。不幸であるほどその分芸の道で輝く。アーティストにとって安住は停止を意味する。従来の芸能界に蔓延《はびこ》るこの考えが、「結婚は避けるべき事案」であるという発想の病巣だった。

「お笑いはクズでなければならない」

お笑いにおいては、芸人たるや、孤独にヤサグレてクズでなければ面白くなれない。クズであればあるほど、面白い。それらがギリギリ私たちの世代までは信じられていた通説だ。

先日、アイコスを吸うため、喫煙所に群れている芸人たちを見たときにふと思い出した。昔はよく火のついたタバコを投げられたもんだなあ、と。芸人と火のついた紙タバコは、最高で最悪の相性。芸人はなんでも遊び道具にする天才たちの集まりだが、火のついたタバコと私のような盾突く生意気なブスはかっこうのおもちゃになっていた。ツッコミと同じ意味でタバコを投げ、おい危ないだろ！　までがワンセットの遊びだ。みんな、かっこいいクズになろうと必死だった。そのために身近な女は犠牲になっていったのだが、それはまた別の機会にお話ししよう。

かくいう私も、「芸人たるやかっこいいクズにならなくては」に引っ張られていたひとりである。今思うと、自分の欲望を正当化したり、背中を押す道具として「芸人」を使っていたのかもしれない。不健康に太り、際限なくタバコを吸い、毎晩人にお酒をおごって私にとっての大金を失った。男遊びというものもしたかったけれど、遊ぶほどモテなくて、いつも体当たりしてはズタボロになって帰るという身を削ったやり方で、これに関しては理想的なクズにはなれなかった。

とにもかくにも、それはもはや、はるか昔の話だ。

今の時代、クズをやれば本気で叩かれるか心配されるかのどちらかだ。

ひと昔前まで憧れの存在だった「クズ」が、今やシンプルに悪となった。「クズの淘汰」が始まっている。

結婚したら面白くなくなるのか

先日、久しぶりに「ネタ特番」を見た。「ネタ特番」とはその名の通り、普段はネタを見る機会の少ない大物芸人がたくさん出てネタを披露する、スペシャル番組。勝手にマリッジブルーになっている私が気になるのは、結婚しているかどうかと、ネタの面白さとの関連性だ。

結論から言うと、ネタを作り続ける緊張感のあるコンビに、「配偶者の有無」は関係なかった。というか、関係性は立証できなかった。

本当は既婚者全員に「丸くならずに面白くい続けるために浮気をしているかどうか」を聞きたいのだが、こんないかにも噂をアテに酒を飲むような私に教えてくれる人などいない。

立証できないもうひとつの理由として、調査対象になりうるのが男性コンビばかりで、男女コンビや女性コンビの既婚者が圧倒的に少ないこともある。特に、既婚でかつ冠番組を持つほどご活躍されている女性芸人がいるのは関西圏のみで、東京では皆無に等しい。データ不足だ。

特に女芸人は、「モテない、結婚できない、可哀想」を仕事にしているパターンが多く、私の芸風はそのど真ん中といっても過言ではないだろう。ピンでは露出・下ネタ・セクハラなどの下品の総合商社とも言えるキャラクターで、コンビでは、毎回恋に落ちている。まさに独身だからこそできる荒技だ。結婚したとたんに、視聴者の方々に興ざめされるのではないかと思うと、どんなに汚いと叱られていようとも10年間で積み上げた「汚れ芸人キャリア」をとても愛おしく感じる。

「勝ち負け」に巻き込まれたくない

本人にはそのつもりがなくても、結婚したとたん、負け組ひな壇から勝ち組席へ移動、みたいな扱いを受ける芸能人の姿を、よく見てきた。もし自分なら、と考えるとため息が出る。自分の結婚が、他人をも巻き込んで、勝ち負けの二択に割り振られたら……。

子どもがいなければ入籍する必要はないというのが、私の今の結婚観であるが、それ以前に出産をしてもなお、創作意欲や緊張感を持ち続けられるのかという畏れもある。

私は思春期が重めだったので、更年期も大変だろうなと覚悟している。女性ホルモンに振り回されがちな私は、出産後の強い母性に抗い、ネタ作り、ひいてはパンツを人に見せるなどといった奇行をやり続けることができるのか？　人が変わったように穏やかな優しさの塊になってしまわないか？

いや仮にそうなったとして、それでもいいはずである。むしろ、人間として自然な摂理なのだから。

じゃあなぜ私は、変わってしまうことを畏れるのか。

批判に屈する自分がコワい

女性の場合、結婚は第三者に与えるイメージにおいて、大きな意味を持つ。

人妻という言葉には、拘束力がある。子どもを預けて飲みに出ては叩かれ、家事をしないと叩かれ、ド派手で露出の多いファッションをすれば変人扱い。

そんな第三者の価値観が内在化してしまわないかという不安がある。今まで私がしょうもない！　と思っていた批判に屈してしまうのではないか。

大切な家族のことを考えたら、それも致し方ないと流されてしまうんじゃないか？　その結果、自分をなくしてしまうのではないか？　実際、白い目で見られるのが私ひとりであれば何も問題ないのだが、大切な人を守りたくて結んだ婚姻関係が、家族に窮屈な思いをさせる原因になっては本末転倒だ。

守るものができたとき、それが人質となって、最大の弱点が生まれる。

守るものができたときの守りがコワい

新型コロナウイルスの影響で、3月以降バラエティはスタジオ収録の中止を余儀なくされた。今の条件でできることや、アイデアでなんとか乗り越えようと皆で力を合わせているところだ。そのひとつが、自宅からのリモート出演だ。

この原稿を書いている今も、まさしくリモートで密着ロケの最中なのだが、もし子どもがいたら、育児をしながら、自らカメラを回すこの仕事を引き受けることができただろうか?

それに芸人としてはどうだろう?

相手方の親族に「お願いだから、テレビでお尻を出すのだけはやめてちょうだい」ともし泣きつかれたら、私は「お義母様に注意されちゃって」などとエピソードトークのネタにするようなマネはしたくない。それどころか「お義母様」から泣きつかれようとも、私自身笑える尻は生涯出し続けたいと思っている。

緊急事態宣言が出た日から、情報番組『ひるおび！』（ＴＢＳ）のコメンテーターに就いた。もし子どもがいたら、私は政治的発言もなにもかも、躊躇せずに言えるだろうか。今の日本では、どんな思想であれ、そういった類いの発信をする人に対する風当たりは厳しい。そして、その影響は、個人だけではなく、家族にまで及ぶだろう。ましてや、この社会全体が先の見えない不安で心が荒んでいるときなら、普段の何倍もの攻撃がある。

守るべき存在があるというのは、そこまで人を慎重にさせ、行動に規制をかけるものであると私は思うのだ。

結婚はFUJIYAMA

向上心まみれ、承認欲求まみれの20代のころは、なりふり構わず、がむしゃらだった。「正負の法則」信者であった私にとって、実際に失恋が一番の飛躍の近道だった。新人のころのトラウマで高所恐怖症になった私は、富士急ハイランドのＦＵＪＩＹＡＭＡだけは絶対に乗りたくないと言っていたのに、マネージャーに騙され

写真はイメージです

てロケに連行されたとき、これを乗り越えたら、お笑いタレントとしてひとつ上のステージに行けると信じて、半ば気を失いながらやり過ごしたことがある。

私にとって結婚とは、未だＦＵＪＩＹＡＭＡに乗るぐらいの恐怖を感じる存在だ。結婚してひとつ上のステージに行けると確信できるはずもないし、結婚したら、他人から「幸せ」というレッテルを貼られることへの抵抗感も強い。

結婚や出産については、まだまだ話し足りないので、いつか結婚の制度や在り方、選択肢についても考えてみたいと思う。

私なりの答えを導き出すまで、お付き合いいただきたい。

ちなみに、ＦＵＪＩＹＡＭＡに乗ったロケのあと、目に見えて仕事が増えた事実はない。

写真はやはりイメージです

〔バービーの思い出レシピ⑤〕

北海道の母の味・いかめし

母のかぶりつきも思い出す、故郷の味・いかめし

実家の母の味といえば、朝ご飯に出てきた鮭やサバをほぐして入れた（油ぎっとりの）チャーハン、子どものころスルメを切るお手伝いをした自家製の松前漬け、一匹丸ごと鮭のチャンチャン焼き、ハヤシライスや唐揚げなどいろいろとあるのだが、一番思い出に残っているのが「いかめし」だ。

母は道南の長万部《おしゃまんべ》のほうの出身で、その地域はイカが名産。だから得意料理のひとつとして昔からよく作ってくれた。うちではお客さんが来るといかめしを振る舞うのが定番だった。

あと、うちの母は忙しかったからか、いかめしを作るときに出るゲソを丸ごと口にくわえたまま、子どもたちの世話をしていた。そのとき、口から半分ゲソが飛び出していたので、まるでイカが生きているように見え、子どものころはその様を見ると怖くてたまらなかった。そんな幼いころの思い出も蘇ってくる母の手料理がいかめしだ。作り方は意外と簡単で、めんつゆがあれば手軽にできる。

※P183にレシピを掲載しています。

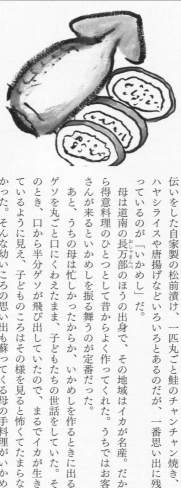

第六章

〔性的同意と欲望〕

セックスには契約書が必要か

「性的同意」って知ってる？

日本人女性のことが大好きで、頭脳明晰なアメリカ人とセックスしたときの話。彼との情事は、ベッドになだれ込む動線や、ふたりの間に流れるロマンチックな雰囲気さえも、どこかシステマチックだなぁと違和感を抱いた。今振り返ると、すべての行動が「同意を得るため」、もしくは「訴えられても非のない証拠をちりばめるため」だったのではないかと思えてならない。今思うと、事の流れは、いかに日本人女性を食い散らかすか、というマニュアルに沿っているかのようだった。

彼の理想の女性像は、美人で意思決定能力の低いステレオタイプな「昭和の日本男児」が求めそうな、それそのものであった。大和撫子を求めて、日本に来たのかもしれない。日本人女性の「美徳」として語られる点を利用して、何人もの女性と関係を持っているようだった。

彼の話を聞けば聞くほど、女性の性を「モノ化」していて、それは女性嫌悪を伴っているようにさえ感じた。つまり、〝言いなりになる〟セックスの道具として女性を見ているような話しぶりだったのだ。もちろん、こんなアメリカ人男性ばかりではないのだろう。しかし、彼らが「チョロい日本でやりたい放題している」ケースは、私の周りでは珍しくない。

さて、「性的同意」という言葉をご存じだろうか。これは、「意思の確認が取れない性行為をしてはいけない」という概念だ。この必要性や歴史について語り始めると、それだけで4000字は超えるので割愛して、当然必要なものという前提で話を進めたい。

性行為に契約書を書かせる男

〝レイプは魂の殺人〟と表現されることがあるが、まさにその魂の悲痛な叫びが裁判で無惨に蹴散らされたニュースを見るたび、私は寝付けないほどの怒りに震えた。この世から性犯罪が撲滅される日が来るのなら、引き換えに大好きな筋子のおにぎりを一生我慢したっていいとさえ思っている。

しかし、性的同意の拡がりは同時に、私たちのセックスライフが様変わりする大転換期にもなりうるのだ。

「いやらしいねぇ、ここなんていうか言ってごらん」「恥ずかしいからよして」という会話が、この世のベッドの上からなくなるかもしれない。

ひとつ先に触れておきたいのだが、性的同意を取る側に回るのは、男性だけじゃない。セックスをしたくない意思はもちろん男性にもある。しかし、性被害に遭いやすいのは圧倒的に女性だ。男性も加害者になりたくはないから、現時点では男性からの提案という形で語られることが多い。

話を戻そう。

例のアメリカ人とのセックスは、もちろん私の意思がちゃんとあった同意の上での行為だ。彼のことはもちろん嫌いではない。でも、あのいちいち確認を取り付けるようなセックスは、同意があったのに「なんか嫌」だった。

以前観たアメリカの映画で、スーパースターがその辺で出会ったファンとベッドインする前に、同意の上での行為である証拠のため、「口外しないこと」と一筆書かせるシーンがあった。実際に海外では、契約書を交わしてからセックスするパターンもあるという。

これから私たちも、セックスするたびに契約書を交わさなければならない日が来るのだろうか？

「YES」「NO」も曖昧が良しとされる時代は終わった

昔、モテる男性に秘訣を聞いたとき、「女の子の面子を立ててあげるのが大事なんだよ」という答えが返ってきたことがある。「本当は嫌だけど仕方ないわね（してあげてもいぃよ）」と言わせてあげることがミソらしい。私の意思じゃないけど、かわいそうな人をほっとけない私に気持ちよく酔ってもらうという戦法だ。自分の性欲を認めることは、女のプライドが許さないのだという。

実際、自分の欲望を曝け出さずに済むため、それに甘えている女性もいたことだろう。むしろ逆手にとって自ら積極的にそのテクニックを使う女性もいるのではないかと思う。

「嫌よ嫌よも好きのうち」とか、「ツンデレ」もその類いだ。「べ、べ、別に好きなわけじゃないけど、ついでだからお弁当作ってやったかんな。勘違いすんなよ！（妹キャラ）」などという〝手法〟だ。

「まぁ、いいじゃんいいじゃん」

「えーでもーダメだってー（本当はもっとガバッと来てほしい）」

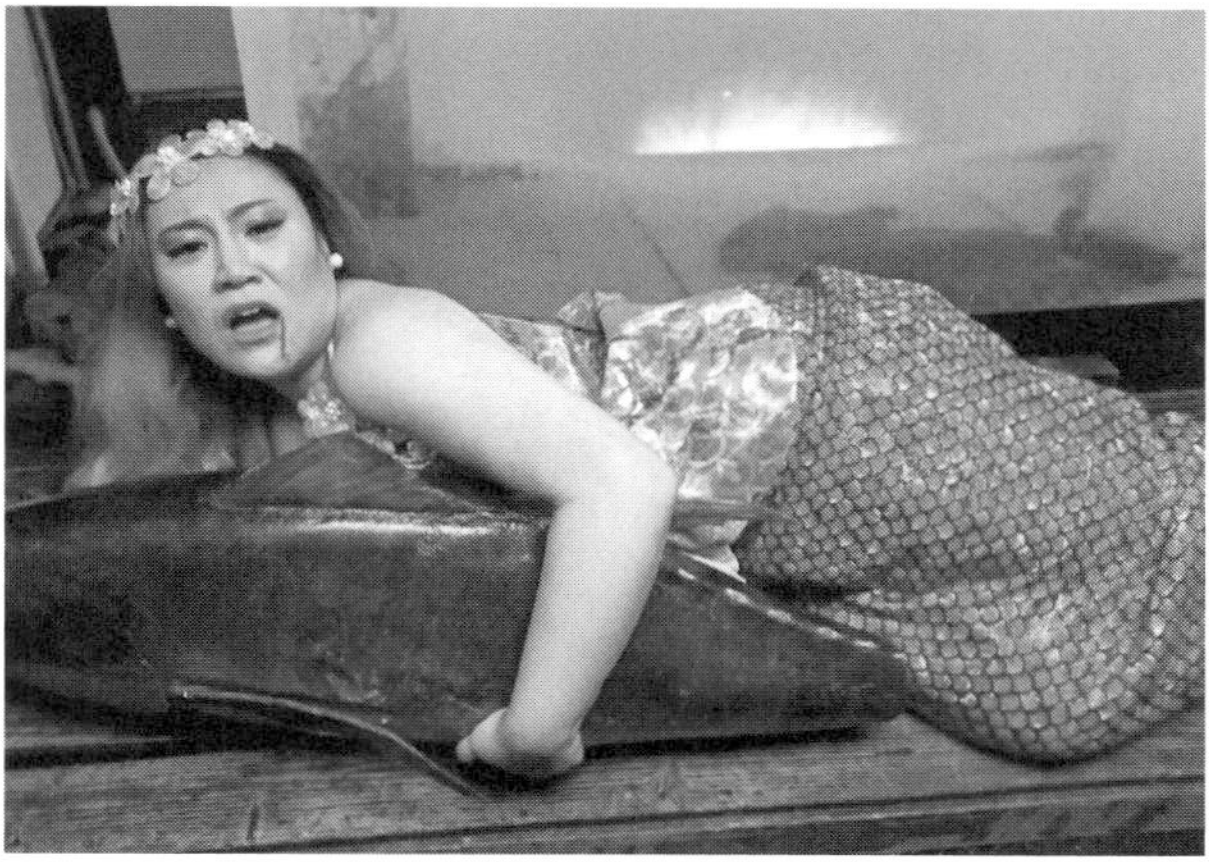

バービー海外映画デビュー作『ENTER THE FAT DRAGON 肥龍過江（原題）』が2021年１月公開予定!!　役は「美人魚」

「大丈夫大丈夫」
「こんなところじゃダメだってー（もたもたしないで早くして）」

こうしたやり取りは、男性側も直球で言われると引くという性質があるため、仕方なくやっている場合もある。どちらにせよ、女性は「YES」とも「NO」とも取れない曖昧な返事をするのが良しとされていた。セックスにおいて経験豊富な人とは、いかに同意をシレッとスムーズに取る、または取らせるスキルがあるかどうかなのだ。

ここまでが、かつてのセックスライフ。しかし、同意というのは「双方の意思」があって成立するものだ。

「意思確認があると萎える問題」

こうなったら、女性も今までと違って、自分の性欲やセックスに対して向き合わなければならない。意思決定を男性に任せているだけでは何も進まない。つまり、私たち女性も「YES」と「NO」をはっきり言う訓練をしなくてはならない。

「恥ずかしいこと聞かないで、分かるでしょう」じゃ済まない。

意思をストレートに伝えない奥ゆかしさが美徳とされてきた日本で、自分の欲求をはっきり伝えられる女性のほうが少ないのかもしれない。また、そこに興奮を覚える男性が多いのも、この問題の厄介なところである。

「意思の確認があると萎える問題」に、日本人はどう向き合うか。はきはきとした意思伝達のもとには、性欲も失せるというものだ。

言葉での同意を取り付けずに、雰囲気や目と目の会話でひとつになるというロマンチックさが、恋愛やワンナイトにおける醍醐味だった。暗黙の了解でセックスをポジティブに楽しんできた層は、今後どのようなセックスライフを送ればよいのか。

ドラマはいつだって、ハプニングからの急展開、どちらかの情熱的な（強引で確認なしの）アプローチから生まれてくるものだ。壁ドンや顎クイの予約は醒める。少女漫画とスリルが三度の飯並みに好きな私には寂しくもある。

じゃあ私は、「したい意思」をどうやって確認したいんだろう？　そこで、思い立った。「性的同意」とは、「ＹＥＳ」を確認するよりも、「ＮＯ」の意思を確認して尊重すれば、「萎える問題」は解決するのではないか。

「自分の意思」と向き合ってる？

「ＮＯ」の意思を明確に伝えても強引に行われる性行為は暴力だろうが、だからこそ私たちは、大切な人に対して「ＮＯ」を伝える技術も高めなくてはならない。「あなたを傷つけるつもりはなくて、好きだけど今日はしたくないの。ごめんね」

既婚女性の73・6％が「気が乗らないのに性交渉に応じた経験がある」と答えたＪＯＩＣＦＰのアンケート結果がある。ちなみに既婚男性でも50・8％いる。パートナーがいる人の中には、嫌われたくなくて、自分を殺して「ＹＥＳ」と言ってきた人もいるだろうが、お互いの健全なパートナーシップのために「ＮＯ」が必要になることもある。

自己理解を深め、自分と向き合うことが、結果的に相手も守る。「ＹＥＳ」や「ＮＯ」を言うというのは、自分の意思を伝えることだ。意思を伝えるのは難しい。意思決定をいつも人任せにしていると、いざというとき自分の意思がわからない。動けない。

性的同意が市民権を得ても、グレーゾーンや隙間を狙った卑怯な人は必ず現れる

USA

だろう。無理矢理「YES」を引き出して、後から何も言えなくなる手口を使う人も出てくるかもしれない。

セックスにありつきたいという欲望は、人間の能力を最大限に引き出す場合がある。例えば「ホテルと自宅とどっちがいい？」という「YES or YES戦法」だ。これは「NO」という選択肢を隠して、自らの意思でセックスに臨んだという洗脳と、後からの証拠になる。誘導尋問に使われるテクニックに似ている。だからこそ、自発的な「NO」がとても重要になってくる。

「NO」を言うためにはリスクもきちんと学ぶこと

「NO」を言うためには、「何がリスクなのか知ること」が必要だ。セックスしたときのリスクや避妊の方法について知った上で、初めて「意思」だと認められるべきだと私は思う。正しい情報や知識のない子どものもとには「意思」は存在しない。

先日「中高生の望まぬ妊娠、コロナ休校で懸念　相談が過去最多」というニュースを見て心が痛くなった。自分の意思を確認できるほどの知識や十分な情報はあったのだろうか。少なくとも避妊や妊娠については、わからないから結果的に相談件数が増えているのだろう。

正しい「性」について知る機会を、大人は彼ら・彼女らから奪ってはならない。放っておいたって、若者はやるときゃやるのだ。昔からわかってることだ。だから、早いタイミングでの正しい性教育がとても大事になってくる。

つまり、「意思を持たなければセックスをするな！」ということだ。二択でさえ、口に出して言うことを恥ずかしがる人がいる。今、自分がどちらなのかを言語化できない人も。だけど、ちょっとだけ勇気を出して、ふたりの間にしか流れない空気感も言語化したり、行動に示したりして伝えることから始めてみてはどうだろうか。

セックスを楽しんできたのは男性だけじゃない。デートの流れから部屋に入り、ドアを閉めたとたん玄関で服を脱ぎ合うような急展開に興奮する女性もいる。付き合うわけじゃなくても、セクシャルな魅力を感じて試さずにはいられないときもある。

欲望と感情、両方とも、ただ抑えるのはもったいない。

簡単で旨いサバ缶の味噌汁

意識高い男子に刺さる？　サバ缶の味噌汁

サバ缶の味噌汁と言うと驚かれることがあるのだが、回転寿司店のあら汁みたいでとても美味しい。めっちゃくちゃいいだしが出て、臭みもない。私は伊藤食品の「美味しい鯖水煮」がお気に入りでＡｍａｚｏｎで箱買いしている。普段、無添加など特に気にしていないのだが、缶詰となると添加物が少し気になったので、無添加で検索すると伊藤食品がヒットし購入。でっかいサバの塊が３つ入っているし、美味しかったのでリピートしている。

サバに含まれるＥＰＡが分泌を促すＧＬＰ－１（通称：やせるホルモン）は食欲を抑え食べ過ぎを防ぎ、さらに血糖コントロールにも有効という記事を見てからドハマりしている。サバにはさらに〝頭良くなりそう〟でおなじみのＤＨＡも含まれている。

第一章で「ここで朝、味噌汁飲んで行こうかなあ」と言った男の話をしたが、（そもそも料理を武器にするつもりはないが）「ＥＰＡ、ＤＨＡたっぷりの完全栄養食だね」と褒められたらキュンとするかもしれない。根拠はないが意識高い男子には刺さる一品だ。

※Ｐ１８４にレシピを掲載しています。

第七章

バラエティといじりの関係性

〔土俵の外の張り手〕

慰めの言葉をかけられるようになった

「女芸人さんも酷い言葉をかけられて辛い思いをしてきたでしょう？」

最近こんな慰めの声をかけられるようになった。バラエティでの過度ないじりツッコミに拒否感を示す視聴者が増えたということなのだろう。

でも、「辛いか否か」だけで簡単に言えるような単純なものじゃない。私はそんなに力があるとは言えないけれど、芸人として、そこだけはみくびらないでほしい。私たちは、同情されたいわけじゃなく、クスッとしてほしいだけなのだ。

ただ昨今、バラエティ番組への風向きが変わってきたのは事実だ。コロナ禍や、それに伴うリモート収録の増加などで、形勢逆転に拍車がかかっているようにも感じる。

じゃあバラエティって何なのだろう。じわじわと受け手が感じ始めた「抵抗」に、私たち作り手はどうやって対処していけばいいのだろうか。

初めて芸人の「いじり」を体感したときのこと

信じられないかもしれないが、芸人を始めるまで、そこまで誰かにいじられることもなく普通の女子大生をやっていた。放送作家や脚本家になりたかったのに、お笑い養成所の職員に勧められるがまま芸人コースに入ったのは大学4年生のとき。

当時、養成所で1期上のいかにも関西芸人といったドレッドヘアの先輩に、すれ違いざま「おい！　アンタッチャブルのザキヤマさんおるで！」といじられたのが、人生で初めてのいじりだった。何のことか、誰のことかすぐに理解できなかったほど、衝撃的な出来事だった。

余談中の余談だが、これが今の相方、ハジメとの出会いである。似ている自覚はあったし、言われたこともあったが、芸人然とした、第三者に見せつけるためのいじりは初めてで、顔には出さないように努めたが、内心ショックだった。

芸人を目指している彼らと接するのは、衝撃の連続だった。常日頃、身体を張って笑いを探している彼らは、当時の私には異常に見えたが、「これが芸人かぁ」と私の教科書にもなった。「芸人になること」が目的となった私は、一個人としての感情には蓋をして、彼らのセオリーを覚えようと必死だった。

異世界の彼らはロックでクールで、1ヵ月のバイト代をたった1時間で擦る背中を見ては、これが芸人の正解なのだと言い聞かせた。そんな中でも、私はまだ一介の女子大生風情が抜けず、コント台本に書いてあるのに、スリッパで頭を叩かれるツッコミを受けて泣いたこともあった。

テレビのお仕事をいただけるようになったのは、24歳のとき。スリッパツッコミで泣いていた1年後である。やっていけるわけがない。

ひな壇の新人は「まな板の鯉」

もし、「まな板の鯉【相手のなすがままに任せるより仕方ない状態のたとえ】」を現代風に言い換えるとするなら、「ひな壇の新人」がぴったりだと思う。当時はそれぐらい、「いじられることだけ」しかできなかった。いじって周りがお膳立てしてくれないと意味のない存在だ。

逆に言うと、何もできないのに無条件で先輩たちや番組に守られて、成立させてもらっていたのだ。お陰でテレビ出演に慣れていくその間に、色々と勉強することができた。そして今でもまだ勉強中だ。改めてお礼を言うことはないが、頭の上がらない人たちはたくさんいる。

でも、仕事とプライベートの区切りが曖昧なうちは、上手く気持ちを処理できないこともあった。メディアに出るようになった人がよく言う「自分を見失ってしまう」状態だ。抱いてみたい女芸人GP2回連続最下位。0票を記録したときは、相当こたえた記憶がある。私の性が乱れる引き金にもなっている。まぁそれは8割がた、私の欲求の強さのせいだが。

もうどっちだかわからないよ。
FaceApp
おやすみ
自分でも分からなくなる

それはさておき、自分の価値を信じられないまま人からいじられると、とても深い傷になるときがある。自分を否定してくる言葉に自分が共感してしまうからだ。この場合、私がズタボロになったのは、「女性としての価値」においてである。全世界が私を女として最下等だと言っているように感じた。

だから、リアルなコンプレックスをえぐる生々しさを笑いのタネとする演出の番組に対しては、当時から違和感を抱いていた。だが、スタジオバラエティは違う。セオリーがあり、即興コントともいえる作品である。あれは、ルールを設けた「プロ」によるエンターテインメントであって、「リアル」ではない。一般の人や、私のような新人がバラエティに出ても番組が成立するのは、「プロの存在」があるからだ。

リアルとエンターテインメントの境界線

とはいっても、その違いについて視聴者が認識するのはとても難しい。する必要もないのだとは思う。だからこそ、視聴者への影響を考えなくてはならない。大事なのは、バラエティ番組に抵抗を感じる人が増えた「現実」があるということだ。

では、その原因はなんだろう？　まずそのひとつは、「バラエティをリアルに感じる人の多さ」にあると思う。あたかも昔からの知り合いのように、出演者に親近感を持つのがバラエティだ。

バラエティは社会の縮図だと思うことがよくある。いつも冴えなくて助けてもらってばかりの人、器用すぎてなんだか損をしている人など、バラエティ番組でのキャラクター別人口比率と現実社会の人口比率はほとんど一緒なんじゃないかと。

だからこそ感情移入できるし、投影できるし、日本全国で共有できるひとつの村なんだ。全員が笑いの天才じゃあ、面白くない。ただ、バラエティをリアルと感じることで、歪みも生じる。

お金を払わないと面白いこと言わないんだ

以前、経営者だらけの会食で、容姿を散々いじられた挙げ句、「お金を払わないと面白いことひとつも言わないんだね」と言われたことがある。実際、私はそのとき、芸人らしい振る舞いを一切しなかった。この台詞を否定するつもりはない。バラエティは見ている側と出ている側の距離が近いから、プロという認識を抱きづら

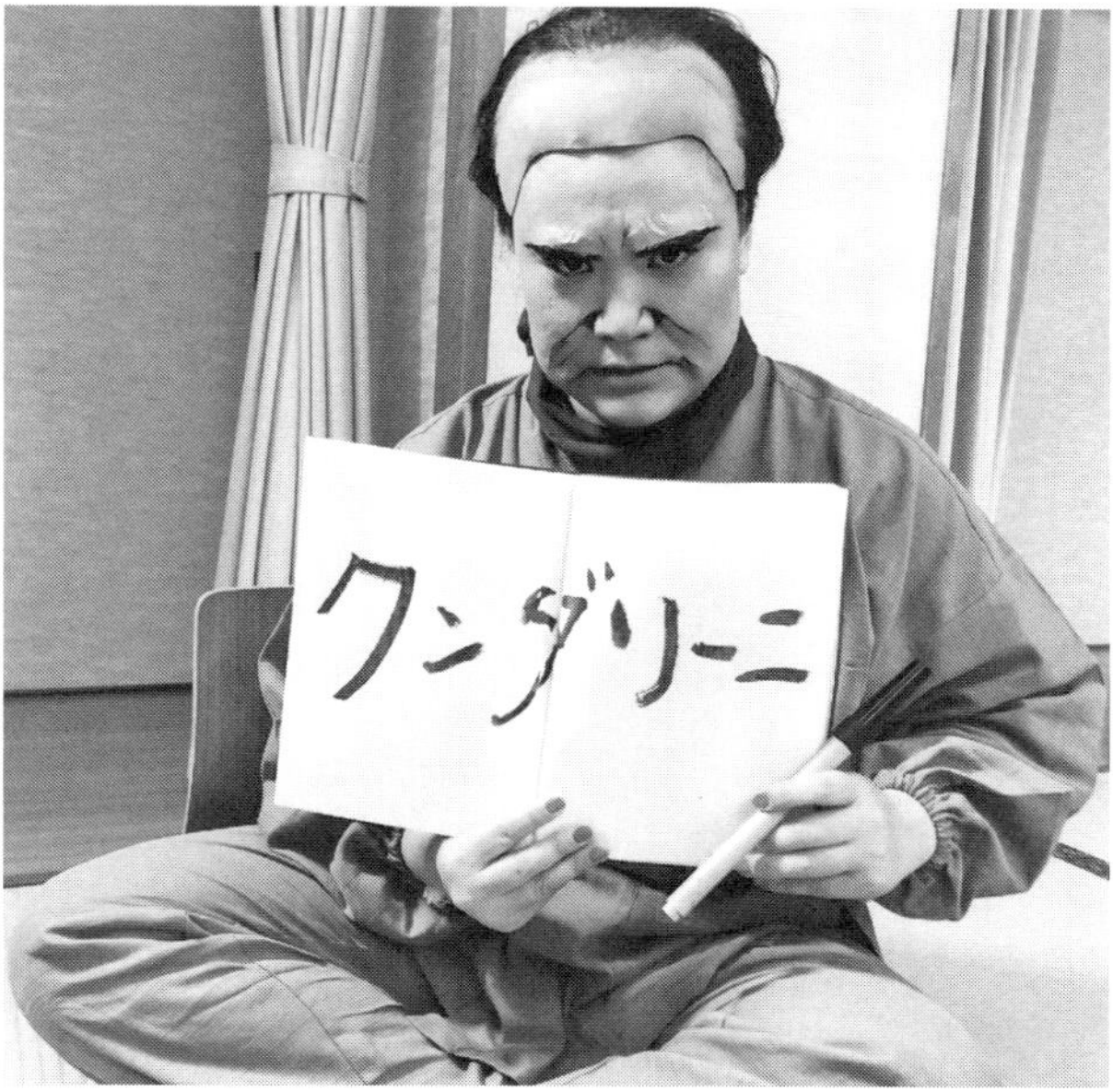
クンダリーニ

いと思う。実際、そのプロ感を出さずにやるし、出てしまったら「プロ」じゃない。リアルを感じるからこそ、面白いのだから。当然ながら「プロ」の中にも一線級と新人とがいるわけだけれど。

親近感を抱きやすいことで起こる弊害は他にもある。テレビに出ている姿とひとりの人間としての姿を同一視してしまうことだ。等身大を演出していたり、バラエティで売れやすいキャラ設定など事情はさまざまあるが、それがその人の「すべて」と評価されてしまう。

そしてたまに、テレビの中の人間のことを、これでもかと憎む人がいる。会ったこともないのに、心底嫌いだと。そういう人は、自分の中の問題を会ったこともない人に投影しているから、大嫌いになれるのではないかと思う。

例えば、「バービーって不細工なのに自信満々な態度がムカつく。私は隠れるように遠慮して生きているのに」といった類いのものだ。抑圧された感情を抱かずにはいられない存在に出会ったとき、人は憧れるか、大嫌いになるかのどちらかなのではないだろうか。

もちろん、それでいい。テレビってそんなものであってほしい。誰にとっても、もうひとつの地域社会だ。ただ、その「リアル」の距離感を勘違いして、エンタメとの境界線を見失っている人もいるのではないだろうか。

土俵のないところでの張り手はただの暴力

「AV女優はどスケベなんだからやらせてくれるだろう」

「アイドルなんだから純白なはずだ」

「リアリティショーなんだから全部本性だろう」


たとえ本来のキャラクターを生かしているとはいえ、これらは全部演出のかかったエンターテインメントであることを忘れがちだ。切り取られた一部を見て、リアルだと信じたい気持ちは分かる。でも、ひと言で言おう。

「リアル」ではなく「仕事」だ。

いじっているほうも、いじられるほうもプライドをもって臨んでいる仕事。お笑いという土俵の上でだけ、やっていい世界。だけど、芸人ではないのに自分は面白いと思っているのか、攻撃力の高いいじりをしてくる人がたまにいる。土俵のないところでの張り手はただの暴力である。

日々の稽古と身体作り、まげを結ってもらって力士のでき上がりだ。土俵が用意されて、行司がいて、観客がいて、はじめて大相撲といえるように、「条件が揃わないいじり」は「いじめ」でしかない。相撲は相撲として、バラエティはバラエティとして楽しんでほしい。これが私のプレイヤーとしての本音だ。

作り方を変えることも必要

もうひとつ抵抗を感じる原因は、前述のように距離が近く感じるからこそ、視聴者が出演者に自分を重ねて、エンターテインメントとの境界線を見失い、感情移入をしてしまうことにあると思う。作品内で行われる、人としての尊厳を無視した悪口やいじりに思えるものに、年々厳しいジャッジが下されるようになったのはそういうことだろう。

ただ、エンターテインメントだからといってテレビを聖域にし、変わらないでいると、やがて人はそこに集まらなくなり、成立しなくなるのではないかと、携わってきた人間として、テレビを愛する者として心配になる。社会の人権感覚は少しずつ成熟してきた。現実社会では口が裂けても言えないようなことが、テレビの中でだけは口にされている、となると恥ずかしい。

今まで、いじりは番組を成立させるのに必要不可欠であった。オトさないとCMにいけない。いじってもらうことで救われた芸人は私も含めて数知れない。いじられるほうも真剣に「プロ」としていじられに行っている。だが、辛辣すぎる言葉に自分も攻撃されていると感じてしまう視聴者がいるとしたら、その作り方を考え直す必要もあるだろう。

このコロナ禍でのリモート番組に、「リモートだと面白くないなぁ」という声は案外聞かれなかったのではないか？　芸人が躍起になって磨いてきたセンスの高いボケとツッコミ、早いテンポでのトーク、間など、そこまで気にして観ている視聴者ばかりではない。

どんな人となりで、どんな生活を送っていて、その人が繰り出すお茶目さや一生懸命さ、ドジやおっちょこちょいな姿も観たいのである。阿佐ヶ谷姉妹《あさがやしまい》さんのモーニングルーティン動画にいちいち辛辣なツッコミが入っていたら、あんなに再生数は伸びなかっただろう。素の愛らしさが笑みになる、優しい世界だ。そういうお笑いもあるということだ。

日
曜
管理当番
12月13日
管理当番
名
用
務
用 務
養休暇
特
休

「いじりを撲滅せよ」ではない

テレビというのは、老若男女が流し見をする可能性のある、無料垂れ流しコンテンツである。映画やYouTube、VODなどとは違い、自分で選び取った人のみが視聴するわけではなく、見たくないときもテレビがついていたら自然と視界に入ってきてしまう(もちろんテレビを消す選択はできるが)。無責任に視聴することができるのがテレビなのだ。だからこそ、社会の空気に敏感でなければならないと思う。

背脂チャッチャ系ラーメンみたいなこってりとしたバラエティも好きだけど、個人的には、永谷園のお茶漬けみたいな安心感と、手作りおにぎりみたいな温かみのあるテレビ番組をこんな今だからこそ、もっと見たい。

「いじりを撲滅せよ!」というわけではない。大切なのは、プロ同士であっても、どこかの誰かの尊厳を根っこから傷つけていないかどうか、敏感でなければならないということだ。頑張って築き上げている最中の「傷つけ合わない社会」を、テレビが壊しにいくようなことがあってはならない。それが、バラエティで育ったものとしての想いだ。

ただ、最後に芸人として言わせてほしい。自分が絞り出したボケにバチッとツッコミを入れてもらったあの瞬間は、「単なる仕事」とは決して言い切れないほど、最高に気持ちがいい。これだから、やめらんない。

　こうしてテレビへの思いを書いていたら涙が溢れてきた。やっぱり、バラエティが大好きなんだと思う。やっている本人たちが、バラエティ中毒なのだ。

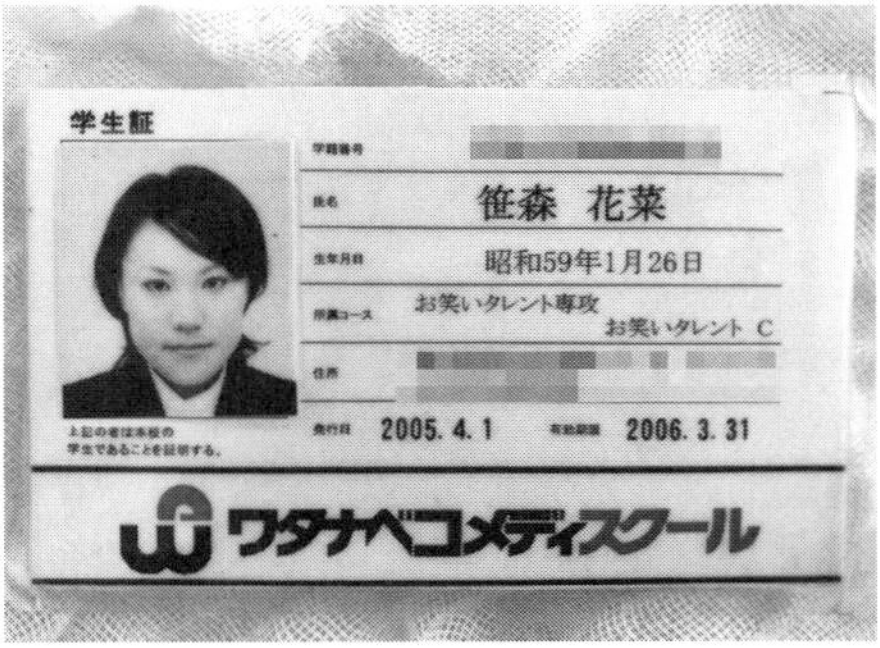

養成所の学生証

やる気が出るロケ弁

「よしやるぞ！」モチベーションを左右するロケ弁

私たちは店名を聞くとすぐ分かるが、読者の皆さんはロケ弁についてピンとこないと思う。だが、テレビ収録時に用意していただけるロケ弁が好きなものだとテンションが上がるのは間違いない。その日の弁当が気に入らないからって仕事の手を抜くなどしないが、内容を鮮明に覚えているか覚えていないか、それくらい私にとっては大事なものである。

テレビ局や番組の内容（ゴールデン、2時間SP、街ロケなど）によって種類はさまざまだが、一番好きなのは「喜山《きざん》飯店」。中華なのでカロリーを気にするグラビアアイドルさんや、食の細い先輩など「量が多くて食べきれない」と言う方もたまにいる。だが、バラエティ現場の定番であり、ヘビーな感じが「よし、働くぞ！」と意欲を掻き立てる。特に、甘くない味付けのキクラゲタマゴは、これだけでご飯半分は食べられるほど好きだ。余った弁当があるときはいただいて帰り、おかず別に冷凍しておき後日食べることもある。「喜山飯店」以外にもおすすめがあるのでこの機会にぜひ知ってほしい。

※P185に好きなロケ弁ベスト3を掲載しています。

第八章

〔自分の決断〕

「期待されずに育った」ことに感謝する理由

家族計画の失敗だった

親に対して、この世に産んでくれてありがとう、と思ったことはない。なぜなら、産まれてくること自体が苦しみの始まりだからだ。人生は、いかにこの生き地獄を楽しめるかのゲームだと思っている。でも、そんな風に思える人間に育ててくれたことを、私は両親にとても感謝している。

私は4人きょうだいの末っ子で、上の兄姉とはかなり歳が離れていた。生老病《しょうろうびょう》死《し》に出会い「この世は苦しみに満ち溢れている」と鬱々とした出家前のブッダに、ひどく感情移入していた中学生のころ、母親に聞いてみた。憂いに満ちた表情で、「どうして私を産んだの?」と。

思春期真っ只中、重度の中二病の私には、ショッキングで意外すぎる答えが返ってきた。箇条書きにすると次のようになる。

・家族計画に失敗した。
・お金もないし、産むか迷った。
・担当医に「この子はきっとあなたを助ける存在になる」と言われ産むことにした。

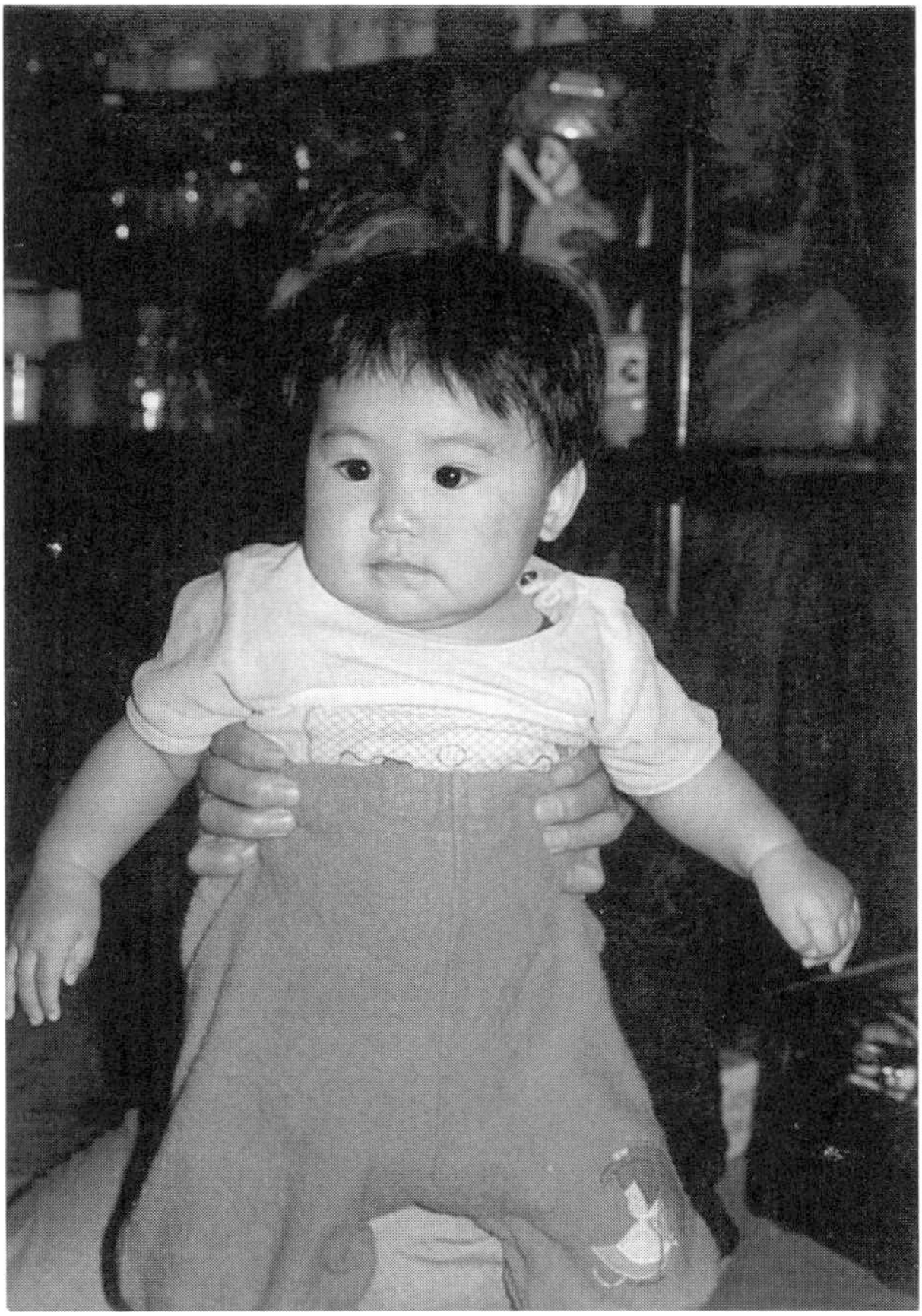

1歳ぐらいのとき

言葉のインパクトとは裏腹に、母は雑多な台所で晩ご飯の支度をしながら、あっさりと悪びれる様子もなく答えた。母がなぜ、医師による医学的根拠のないスピリチュアルな予言を信じたのかは全く謎だが、おかげで私という存在が生じることとなった。

最初からなかったも同然の命。大家族の中で、私はなんの期待も干渉もされずに育った。

家族のペット的存在

いったいどんな感じかというと、それは、もはやペットである。平均より体格が大きいのにもかかわらず、「チビ」と呼ばれ、都合よく猫可愛がりされた。思春期以前はペットとしての自覚を持ち、ギスギスしているところに行って愛嬌を振りまき、和ませるという役割も担った。

両親にとって私はおまけみたいな子どもなので、私に対して執着も関心もあまりない。他人様《ひとさま》に迷惑をかけたり、死なきゃオッケーなのだ。だからか、私自身も社会生活にこだわりや執着があまりない。

一般的に言われる〝良い就職〟や〝幸せな結婚〟という基準は、私の人生の決断において関係のないものであった。それが無鉄砲、かつ軽はずみに生きている所以な気がする。リードが外れたペットは自由に駆け出すまでだ。

兄姉たちはみんな公文《くもん》に通ったり、日曜日になると教育熱心な父による自習教室が開かれたが、私はどちらにも参加しなかった。特に長男である兄は、父のその熱量を一身に受けていた。

テストの点数が悪ければ、一大事といった形相で塾に行かされていた。進路や学校生活にまで口を挟まれていたように思う。幼いながらも大変そうだなぁと横目で見ていた。

片や、私の情報は耳にすら入っていないようだった。高3のある日、父がテレビでやっていたバドミントン世界大会の試合を見ながら、「お前もこれくらい速く打てるのか?」と、珍しくちょっと冷やかすように話しかけてきた。

私はテニス部でかなり熱心に練習に打ち込んでいたため、夜になると闇に消えるほど真っ黒だった。それをずっと室内競技であるバドミントン部だと思っていたほど、父は私に無関心だったのだ。ましてや褒められた記憶は皆無だ。そのため、10代のころは「無関心」に対する反発もあったと思う。

６つ違いの一番上の姉と（写真左）、高校のテニス部の仲間たちと（写真右上）、目つきがヤバイ中学の卒業アルバム（同右下）

べちゃべちゃのおにぎりが教えてくれたこと

ではなぜ私はそれでもヤサグレなかったのか。

うちの朝ご飯は毎日チャーハンだった。それが変なことだと思わなかった。残り物をこれでもかと混ぜ炒めた油ぎっとりのチャーハンでも、美味しく食べていたし、そもそもなければ給食まで持たなかった。

部活で朝早くから家を出ても、母はソフトボールみたいに大きく丸くギチギチに握ったおにぎりを持たせてくれた。友達とおにぎりをばくりっこ（北海道弁で交換すること）したとき、「花菜ちゃんちのおにぎりべちゃべちゃ」と人気がなかったが、私は大好きだった。

関心は持たれていなかったけど、ご飯を通して、親の中に私の存在があることを感じられていたということだと思う。

他に私が親に感謝したいことは、私に「選択肢」を提示してこなかったことだ。バイクは乗るな！と宗教に入るな！だけはきつく言われていたが、人生の選択はすべて自分で選ばせてもらった。テストで100点とっても、テニスで地区優勝しても褒められたことはなかったが、ひとりの人として尊重して育ててくれた。

自分でコツを掴ませてくれ

この間散歩をしていたら、道でバドミントンをして遊んでいる親子とすれ違った。父親と5歳ぐらいの女の子だったのだが、「振るのが遅い」「拾うのが遅い」と叱られっぱなしだった。次に、自転車の補助輪なしの練習をしている親子にも会った。こちらもスパルタで、親子というより、コーチと選手のようだった。

ふと、自分の子ども時代を思い出した。補助輪なしで乗れるようになったとき、私の場合、近くに親はいなかった。近所のお兄ちゃんお姉ちゃんと遊びながら練習した。「後ろ持っていてやるからしっかり前を向け」と近所のお兄ちゃんに言われて、ハンドルを強く握りしめたとき、パンツを下ろされお尻丸出しにされるというイタズラにあったことも同時に思い出した。

遊びに大人は介入せず、川に遊びに行くときは、子どもだけでミミズを畑から掘り返してタッパーに入れて釣りのエサにしたし、山に秘密基地を作ったりもした。

遊び相手が親だったことがないので、今の子どもたちはどんな気持ちだろう、とぼんやりその光景を見ながら考えてしまった。大人から提示された範囲の中で、心から遊べているのだろうか？

「正解のアドバイスなんかいらない。とにかく自分でコツを摑ませてくれ」と私ならイライラしてしまうところだが、大概は親に逆らっていないようだ。

そんなことを考えながらふと思った。

都心では特に、子どもを狙った不審者もいるし、兄弟がたくさんいる家庭も少ないから、子どもたちだけで遊ぶことのできる状況が、今の時代あまりないのかもしれない。

自分で選べなくなる

最近、進路先を自由に選べない10代の話を、親の世代と子どもの世代の両方から聞くことが増えた。

それには、「親に選ばせてもらえない」ということと、「自分で選択することができない」というふたつの問題点があるような気がする。

あるアンケート調査では、20代女性が初めて自分で選択したのは「就職」という答えが一番多かったという。

人生にはどれほどの選択のタイミングがあるのか。限られたタイミングの中で親に選択されていたら、自分では何も決められなくなる。

子どものうちに、トライ&エラーの練習や選ぶ筋肉と基礎体力を養わずに、社会の波に放り出されたら、溺れてしまう。

小さな取捨選択の積み重ねが、自信につながると思う。

子どもにとって、親は「インフラ」

反抗的な子どものもとには、親の言うこと聞きなさい、親のおかげ、親になんて口をきくんだ！　等々、たくさんの親へのリスペクトを要求するフレーズが並ぶ。

でも本来、親はインフラでしかないはずである。

もちろんそれは良い意味でだ。子どもは無条件でインフラサービスを得ることができてしかるべき存在なのだ。インフラを整えなかったり、世話することをダシに対価を求めるなどは許されない。それはネグレクトであり、虐待である。

「親がお金を出すんだから、親の言う学校にしなさい」

こんな親リスペクトなフレーズは、子どもにとって「脅し」でしかない。

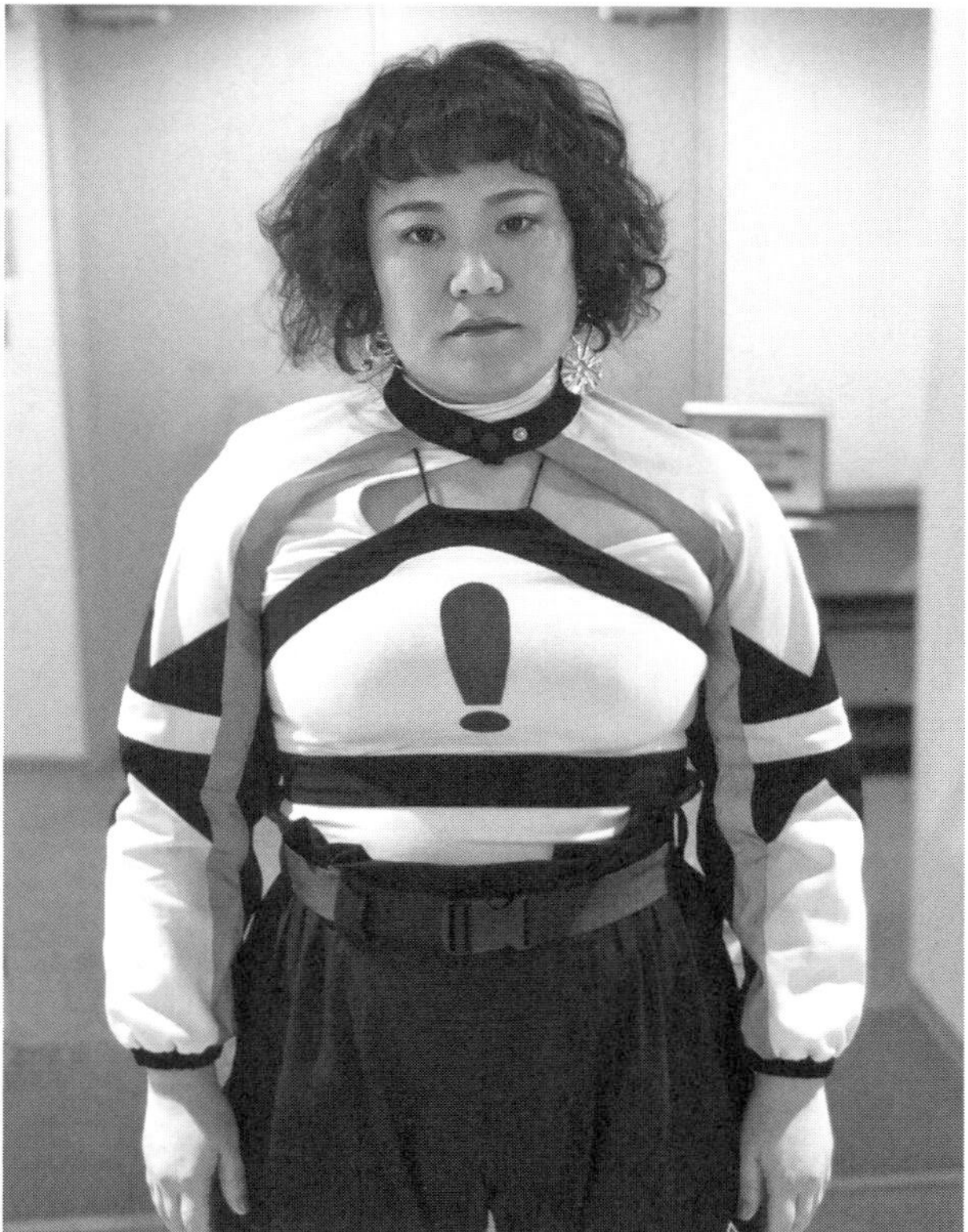

ただでさえまっさらな、何の情報も入っていない赤ちゃんの脳に、刺激を与えていくのは養育者である親だ。人格形成にものすごい影響を与えている。押し付けなくても自然と倣ってしまうものだから、子どもは親を全く切り離せないのだ。

と書きながらも、ふと不安になる。自分は自由に育ててもらったくせに、いざ自分が親という立場になったら、できるだろうか。

子どもにとやかく言うわけではないのに、世話はちゃんとする。身を削って大変な思いをして育児しているのに、その子どもにエゴをなすりつけない。なかなか難しいことだと思う。

自分の思い通りになんていかないであろう育児をしながら、子どもをどんなときでも受け入れることができるのだろうか。

言葉が出なかった私をそのまま受け入れていた親

そんなことを考えながら、「私は受け入れられていた」と再認識したのは、大人になった最近のことだった。

友達から、お子さんが同い年の子たちと活発にお喋りをしないことを心配しているという話を聞いたときだ。

フラッシュバックした情景は、放課後、静かな小学校の特別学級。いつもなら寄り付かない、学校の端っこにあった教室に、1年生ぐらいの私は母と、いた。先生みたいな人の指示で、あいうえおを言わされたのではないかと思う。

急にそんなシーンがよみがえってきた。

「ああ、私はなにかしらの検査を受けていたんだ」と大人の私は突然出てきた思い出に動揺しながらも、納得した。

小学校低学年のとき、同い年の女の子に「花菜ちゃんはひまわり教室だよね」と言われたことがあって、すごく傷ついたのは覚えていた。「ひまわり教室」とは、成長のゆっくりな子どものためのものだ。私の中で、不確かに散らばっていた点と点がつながったような気がした。

帰省したときに、思い切って母に聞いてみた。

まだ低学年だったころ、私が検査されていたあれは何だったの？　と。基本的におとぼけな母なのだが、若干気まずそうに答えてくれた。上に3人の子育て経験があったが、他の子に比べてなかなか言葉が出てこなかった。小学校に上がっても滑舌が悪く、言えない言葉があったり、吃音もあってちょっと心配だった、と。「まあ、そんなこと気にしてなかったけどね」と最後はいつもの調子だった。

多分、幼いころの私は相当変わっていたのだと思う。当時は検査体制も整っていないし、児童心理学的な認識も甘かったのかもしれないが、今の時代ならとっくに何かしらの「レッテル」を貼られていただろう。

もし、あのとき、親が気を病むほど私のことを心配していたら。上手に喋れないことを叱られていたら。なにかのレッテルを貼られていたら。

――話すことがコンプレックスになっただろう。そうだったら、私は人前でお喋りする仕事を選ぶことができただろうか。

距離を保ちながらありのままを受け入れる

上京するとき、母は私に大好きな筋子のおにぎりを持たせてくれた。機内でアルミホイルをめくり、やっぱりべちゃべちゃなおにぎりを見て、泣きながら食べた。

私を褒めることがどこか気恥ずかしいんだろうな、と子どもながらになんとなくわかっていたが、私が他の子と違うことを気にする素振りは一切見せなかった母。

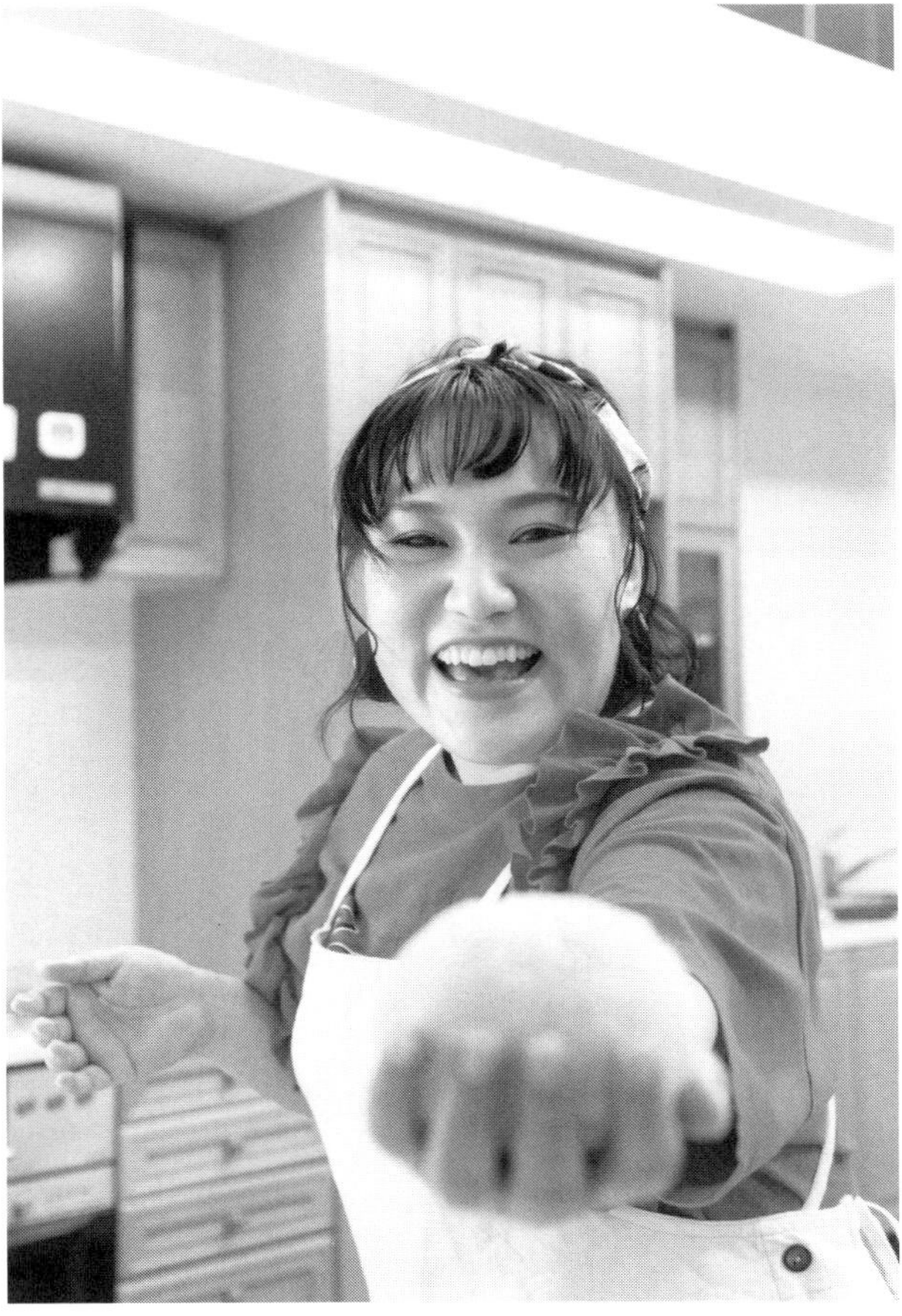

P186でおにぎり作ってます

関心を持ってもらえないことで、どこか寂しい思いをしていたが、距離を保ちながらも、ありのままを受け入れる愛情というものを、そのときやっと感じたような気がした。いつも、知っているのか知らないのかよく分からない距離で見守っていてくれたこと、この歳になってやっと気づくこともあるんだ。

そんな私は7月からラジオのパーソナリティを務めることになった。アシスタントなしの生放送2時間、お喋りだけでたくさんいるリスナーと向き合うこととなる。滑舌の悪さは変わらないし、私生活では未だに言葉がなめらかに出ないときもある。

でも、まぁなんとかなるだろう。「死ななきゃオッケー」「あんまり気にしないでもいい」と思えるのは、大自然と触れ合いながら、常識に囚われず、野生児のように育ててくれた両親のおかげかもしれない。

やりたいようにやると決めた。

自分をしばりつけているツタをほどかなければ、自分なりの決断をすることはできない。

そして、何にも囚われず、心が自由であることは、奇跡を起こすと信じている。

思い出の筋子おにぎり

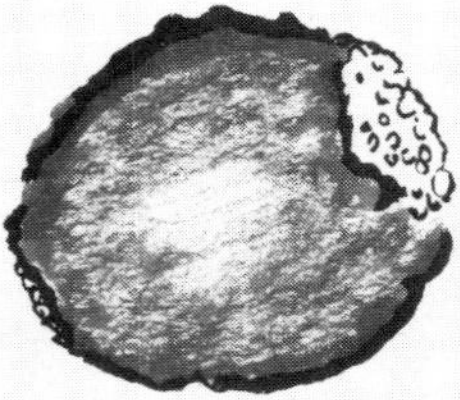

気づいたらトラウマに……母が握るおにぎり

お伝えしたように、うちの母が作るおにぎりはソフトボールみたいに大きくて丸く、ギチギチに握ったおにぎりだ。その当時は、友達に「べちゃべちゃだね」と言われようと、そのおにぎりが大好きだった。しかし、そのべちゃべちゃが内心ではトラウマだったのだろう、自炊を始めてから三角ふわふわのおにぎりを追求するようになった。今考えると、うちの実家のご飯はそもそも柔らかめに炊かれ、塩をあらかじめご飯に混ぜてから握るスタイル。しかも、握るときに力が入りすぎてしまう丸形。そりゃべちゃべちゃになるわけだ。

コンビニおにぎりを食べることもあり、よく買う具材は高菜と明太子。自分で握るときはゆかりを混ぜることが多い。王道と言われる、梅干しや鮭はあまり食べることがない。今ではすっかり三角ふわふわ派だが、具材が筋子となると話は別。母がよく作ってくれた筋子おにぎりは大好きな思い出の味。だから、見た目もべちゃべちゃも気にせず、丸形の大きなおにぎりを作りたい。

※P186にレシピを掲載しています。

第九章

〔地方創生〕

東京に出たがったバービーが「地方創生」を願う理由

東京の「価値一極集中化」への想い

生まれ故郷の町おこしに携わって早4年。

私はまさに今、重くじわじわくる挫折を味わっている。

小さなころ、ディズニーランドにはあんなにたくさん人がいるのに、ディズニーランドより広いこの土地には、どうして人がいないんだろう？　と不思議だった。

上京したモノレールの中から初めて高層マンションを見たとき、地元にはあんなに空き地があるのに、どうして東京の人はこんな小さな箱みたいなマンションに住んでいるのだろう？　と訝しんだ。立ち並ぶ高層マンションが、私にはまるで、アリの飼育キットのように見えた。土地に対してこれだけ高いお金を払うなんて、馬鹿馬鹿しいと感じた。

上京して18年、今になれば、そこまでしても住む価値のある『東京』なのだと分かる。

それでも、このいびつで異常な人口比、東京の価値一極集中化を「仕方のないこと」だとは思わなかった。

余っているところから、不足しているところへ運ぶ橋渡しをしたい。

世話下手なくせにおせっかいなところがある私は、需要と供給がパズルのように上手くピシッとハマることに快感を覚えるタイプだ。

これが、私が地元・北海道栗山町《くりやまちょう》の町おこしに携わりたいと思った理由の根幹かもしれない。

北海道・函館にて（故郷ではありません）

田舎には、死角がない

私の本名は花菜。「雑草（菜）のように土の中では強くしっかり根を張り、地上では綺麗に花を咲かせてほしい」という願いを込めて名付けられたそうだ。

18歳のとき、大学進学を理由に上京した。奇跡的に学びたい分野がある大学に受かったけれど、勉強が上京の一番の理由ではない。自分のことをどこの誰か気にも留めないくらい人がたくさんいて、紛れてしまうところに行きたい。

親の期待をばっさりと裏切る形になるが、私は、身軽に生きる「根無し草」になりたかった。

どうしてそんなに地元を出たかったのか？

田舎には、死角がない。

万引きしようが、運動会で1位になろうが、やらかしたのは「笹森さんとこの末娘」で、私ではない。個人は必ず何かの団体に帰属していて、その団体の詳細はすべてお互い把握しあっている。そのプロフィールから逃れることは、できない。

うちの母も、「あの赤い車停まっているってことは、〇〇さんの息子さんここにいるわ。東京から仕事合わなくなって帰ってきたらしい」などと、平気で言う。

譲り受けた古民家の除雪をする、バービー父

あるとき、事務所に一通のお礼のメールが届いた。私の実家は、今や町民の方なら大体分かるらしく、たまたま栗山町に降り立ったメールの送り主が「バービーの実家はどこですか?」と聞いたら、町の人が教えてくれて、実際に訪ねたという。そこで両親はわざわざ遠いところありがとうございますと丁寧に挨拶し、雨が降ってきたからと傘を持たせたらしい。おもてなし精神抜群の神対応だ。

コンプライアンス、プライバシーなどという概念は、毛頭ない。

逆に言えば、困っている人には、無償で手を差し伸べてくれる。田舎には実際に、そんな仏様みたいな人がたくさんいる。

地方創生の流れで私が譲り受けた古民家は、もとは幼なじみの家で、かつて彼のおじさんがひとりで暮らしていた。病気になって動くのもままならなくなったときには、世話をするために近所の人がたびたび通っていたそうだ。

助け合いの精神でなんとかなる、お金がなくても大丈夫、なんてこともある。お葬式があれば、町内会のご婦人は無給でお手伝いに出る。当たり前のように。そうやって「困ったときはお互い様」を合い言葉に、お金を介さず助け合って生きている。対価に対して曖昧とも言えるが、そうやって守ってきた信用社会だ。

信用と表裏にある「不自由」

しかし、その信用社会には別の面がある。

実家からボイラーが壊れたと連絡がきた。ネットを見ると安いもので10万円。「10万円振り込んでおくよ」というと、付き合いがあるから知人のところから20万円のものを買わなくてはいけないという。

東京生活が長い私は正直、「そのお付き合い費は本当に必要なの?」と内心苛立った。しかし、うちの家族だって恩恵を受けてきているのだろう。欲しいものを選ぶより、信用できるお世話になってきた人が勧めてきたものを受け入れるという経済の流れができあがっている。かつ、丈夫で確実なものを勧められるのも事実だ。

古民家の改修をしているときもそうだった。地元業者から見積もりは出ず、「お父さんにはお世話になっているから」の一点張りで、トイレの便器を選んだり、納期を指定したりはできなかった。その代わり、後からきた請求書を見ると、本当に格安だったのだ。

値段は確実だし、安心できる。しかし選択の自由はない。

商売にビジネスライクなやり方がないので、この常識になじみがない人は、かなり違和感を覚えるだろう。

好意でやってくれるから、お世話になっているから、という言葉によってブレーキがかかり、選択肢が狭いことに抗えない。みんなそうだから、信用している人が言うから、という安心は、一種の思考停止状態を生む。

属性を取り除いても人とつながれる

そんな田舎にいたからか、私は東京でとびきりの自由を求めた。

大都会には、私にまつわる「記号」がなくなる気持ちのいい瞬間がたくさんあった。過去をリセットできるような感覚だ。

初めて親元を離れての一人暮らしは、ホームシックより、やっと自由になれた安堵のほうが強かった。

肩書きのない、余計なものは一切省いた「個」になりたかった。

都会では、私のことを知っている人などいなくて、笹森さんとこのお嬢さんでも、テニス部の笹森さんでもなく、妹でも、孫でもない、ただの大学生だった。そのことがこんなにも生きやすいだなんて。私は、無鉄砲な根無し草となり、色々なことに首を突っ込んだ。

大学では同世代の友達とむき出しの本音でコミュニケーションが取れないことにストレスを感じつつも、ほどよい距離感を保つ人付き合いに心地よさも感じていた。

そして、芸人を始めてからは、本名や生まれなんて関係のない、センスやツボだけで仲良くなれる場所もあると知った。

属性を取り除いた私でも人とつながることができるし、どんな自分になるのかを自分で選べる場所。

スムーズに自己顕示欲を満たすことのできる場所。

競争、自己責任の中で、勝ち取っていける場所。

その先に、お金をゲットできる。

なんたる自由！

「これが東京だ」と思った。

なんだってできる。

大学生のころ帰省した地元の公園で

「自由」は危うさと紙一重

しかし、その東京の「自由」は、危うさと紙一重だ。

東京には、自由業やフリーランスという人たちがたくさんいて、私の周りでは、契約書なしに仕事をして踏み倒された話をよく耳にする。そして、踏み倒した人が同じ業界にシレッと復帰していたりもする。

信用の優先順位は低い。

なんでもお金で切り売りできる東京。

ローンを組むには信用が必要だが、現金が揃うなら、お金さえ払ってくれればよし。しかし、それが地方ならローンでも現金でも信用のない相手には「売らない」から、トラブルにまきこまれる危険性は少ない。

とにかく、お金さえあれば地方はすぐに変えられると思っている東京の人は多い。その前に「信用」がないと、売買交渉のテーブルにも着くことができないのに。

クラウドファンディングをやらない理由

東京で地方創生に関わっているというと、「クラウドファンディングやればすぐに資金集まるんじゃない？」と言われることがある。

しかし、私は特に地方創生に関しては、現時点でクラウドファンディングを行うつもりはない。

理由のひとつは、芸能活動を生業としているので、それで培った知名度を違うことに使いたくないと、イメージを考慮しているから。もちろんクラファンが悪いことではないのは重々承知だ。人々が笑顔になるような成功例だってたくさんある。

ふたつめは、私が自由奔放な根無し草でありたいからだ。

いずれにせよ、ともに崇高な思想に基づくものではない。

私は18歳のとき、地元や家族のしがらみから逃げ出すかのように東京に来たのだ。せっかくなら、組織や派閥、コミュニティに束縛されたくないという強い思いがある。

しかし、クラウドファンディングは「オンライン上での地域社会」だ。クラウドファンディングでお馴染みのキングコングの西野《にしの》さんも言っていた。オンライン上での信用社会だと。
田舎では、物々交換や助け合いで日々の人間関係の信用を育んでいた。その代わ

2018年、北海道胆振東部地震による震災のとき、地元が被災してキャンペーン。募金活動を背後から見守るバービー父

り、干渉があったり、一度信用を反故にすると村八分にあうという側面も持っている。

上京した私のように、その土地から引っ越してしまえば、リセットの可能性があって、生き直しが利く。

だが、オンライン上で信用を失くすと逃げ場がない。私個人の信用が失われる。

さらに、クラウドファンディングと地方創生は相性がいいようで、大成功しない限り辛い部分がある。

何より一番大きな理由は、田舎では、クラウドファンディングの浸透がまだないので＝他人からお金を巻き上げて自分のものにした人、という間違ったイメージが生じやすいからだ。「自分でコツコツ貯めたお金こそ価値がある」という美徳意識と、「私は我慢しているのに、他人から資金を集め、ひとつ飛びで夢をかなえるなんて許せない」という批判も生じるかもしれない。そういうイメージに対抗してまで、資金を集めたいと思えないのだ。

地方の方々に歓迎されないことをしてまで、地方創生すべきだとは思えない。

東京の価値観がスタンダードなのではない

町おこしは人おこし、と誰かが言っていた。

人おこしというと、地方の人が目覚めていないかのようにも取られかねない。東京の価値観が正解でありスタンダードなのだから、それに合わせろというかのように。でもそれはなんだか違う気がする。地方には地方の良さがあるのだから。

でも、今のままでは、今後人の行き来が盛んになったとき、ビジネスにおいても、人付き合いにおいても、価値観が違うことですれ違いや軋轢が生じかねない。

私の実家を訪ねた（注＊）本人からのメールにはこう書かれていた。「時間があったし、興味本位でピンポンを鳴らしたら、ご両親に優しく対応してもらいとても嬉しかった」と。田舎の人の純真無垢なおもてなしや優しさは、いたずら心さえも制圧するのだ。『愛は勝つ』が頭の中に流れた。必ず最後に愛は勝つ。

今はまだ、ジワジワ締め付けられるような挫折の真っ只中にいるが、この愛がなくては成立しない経済スタイルもうまく生かせる日が来ると信じている。

願うのは信用と自由の共存

東京と地方が、分断するのではなく、お互いのよいところを理解し合い、想像力を働かせてコミュニケーションが取れたら。信用と自由が共存できたら。

いつか、田んぼのど真ん中でエレクトリカルパレードができる日がくるかもしれない。

※編集部注：その当時、ご実家にいらした方に対応をしたというエピソードをお伝えしていますが、ご実家は一般のご家庭です。何卒ご実家への訪問はお控えいただきますようよろしくお願いします。

回転寿司屋

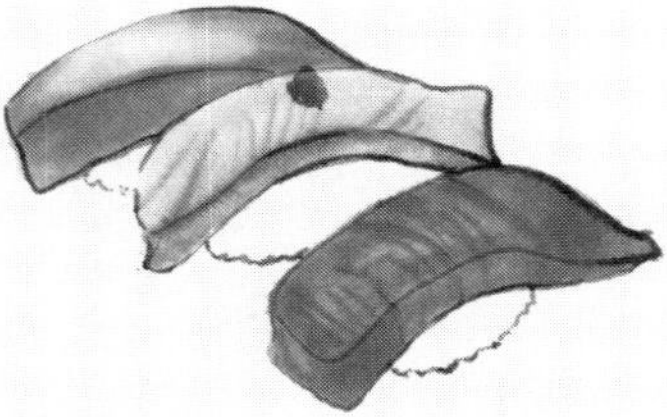

地元になかった回転寿司屋。東京でよく行った店

志木に住んでいた大学時代。ガード下に回転寿司屋があり、ひとりでよく行っていた。残念ながら今は別の店になっている。個人経営の店で、ネタは均等に切っていない、店員はぶっきらぼうで長靴で店内を移動するような、心地よい雰囲気ではなかったが、安くて美味しく、いつも満席だった。地元の北海道はご存じの通り、海の幸の宝庫。親戚が漁師だったため、新鮮な魚介類が送られてきてストーブの上でホタテを焼くこともあった。上京後、「地元に美味しい寿司屋があるから東京で幻滅していない？」と言われることがあったが、それはなかった。うちの地元には回転寿司屋などなく、寿司が回っているだけでテンションが上がった。必ず食べていたネタはマグロ。お腹も心も満たされるマグロ三種（三貫盛り）だった。

学生から芸人になるまでの間は、新宿の「しおん寿司」にもよく行った。余談になるが、新宿といえば、どこの回転寿司屋か忘れたが店内と店外で目が合ったおじさんがそのまま私の隣に座り、「この後ホテルに行こう」と誘われた記憶がある。

※P187に関連エピソードを掲載しています。

第十章

〔自分と向き合う〕

「酒に飲まれていたころ」から夢を実現するまで

中学生のときから始めた「ノート」

10年前の私は何を考えていたんだろう？ノートや手帳を保管していた箱をサマリーポケットから引っ張り出してみた。コンプレックスだらけの20代。なんとか抜け出したくて、抜け出さないとなんだか分からない大きな恐怖に押しつぶされそうだった。私にできること、苦肉の策が「書く」ことだった。変わりたい、この現実から抜け出したい。明るい将来を想像しないと、そしてその想いを言葉にして吐き出さないと、立っていられなかったんだと思う。

久しぶりにめくったページには、どこにぶつけたらいいか分からない怒り、忘れ去りたいけど忘れたくない悲しみ、他人に聞かせるには忍びない愚痴、将来への希望などなどが脈絡もなく、書き置いてあった。

そのころ、私にとってノートとは、溢れ出てくる心の中の不安に押しつぶされないようにするための安全装置のような存在だった。

初めて溢れる言葉を書きなぐったのは、中学生のとき。両親が寝静まってから、目を盗んで日本酒をお風呂でがぶ飲みした日の夜だった。

翌朝、いっちょまえにも二日酔いで、クラクラしながら起きると、枕元のスケッチブックに支離滅裂なポエムが書いてあった。

あとで振り返ったり、原因追求するつもりなどなく、そのときあった出来事や感情が存在した証を残したい。吐き出してスッキリしたい。それだけだったのだろう。

酒に飲まれていた20代のころ

「書く」という作業によって成長を確認できたことは多々ある。

芸人を始めて、「ネタ帳」という存在が私の中に生まれてから、ノートとの向き合い方ががらりと変わった。ボケやギャグを書かなきゃいけなくなったからだ。

ネタがなかなかできず追い込まれたときは、寝ているとき夢で思いついたボケを書き留めるために、枕元にノートとペンを置いた。

余談だが、夢で「これ最高に面白いボケ思いついたぞ」というものが、現実でも面白かったためしはない。

芸人・タレントという仕事は、感情、思い出、すべてネタになるという感覚になってから、メモ書きが増えた気がする。

「夢をかなえる人の手帳」という書き込みタスクの多い手帳を、かれこれ10年以上使っているが、芸人を始めたこのころから、手帳とノートのダブルスタンバイという形ができあがった。

仕事を始めた20代半ば以降は、すべてを忘れるがごとく、毎晩酒に飲まれていた。なじみの店に行けば知り合いがいて、酔った勢いで見知らぬ人と相席し、初めて会った人に何軒も連れまわされ、朝方には携帯の連絡先が何件か増えている。そして、お酒の香りを漂わせたまま、仕事場へ。現場と夜の街の往復だった。

そのころのノートを振り返ると、字は大きく歪んでいて、文章ではなく、単語の羅列だけ。あきらかに、荒れていた。

そりゃそうだろう。とにかく、物事を深く考えることはなく、ノリで生きていた。立ち止まって考えたら、言い知れぬ恐怖に飲まれてしまうのではないかと、自分と向き合うことを避けた。実はコンプレックスだらけで、プライドも高く、恥ずかしがり屋の人間が急に大勢の人の前に出て色々と恥部を曝け出す。ネジが馬鹿になっていた。当たり前だ。

京都のクラブで出会ったダンサーさん（左：JUNJIさん、右：KOTAさん）と一緒に♪

このころ、レギュラー番組内で私の持ち場が少ないことを心配したプロデューサーが、

「好きなことや興味のあることありますか？　発言の糸口を作りましょう！」

と言ってくれたのに、私は何も答えられなかった。特別に反省会を開いてくれたりもしたが、そのまま番組は卒業となった。

マネージャーや同期にも、周りは必死にやってるぞ、少しぐらい努力したら？と活を入れられもした。

はた目にもだらしなく映るほど、酒・タバコ・男にしか興味がなかったのだ。

30歳に差しかかろうというころ、全然理想に近づけていない自分に嫌気がさし、どんどん苦しくなっていった。酒で開き直るにも限界がある。

何をやっていたんだろう。

ピタリと飲み屋界隈に行かなくなった。

スカスカな自分を埋めたかった

なんとか、スカスカな自分を何かで埋めたくて、中国語、歴史、コピーライター

養成講座などなど、お稽古ごとに邁進した。多いときは週に3～4回観劇したこともある。酔うことだけが目的だった時間を、自己投資に充てたことで、なんとなく罪滅ぼしをしているような気分だった。

それまでは「芸人＝カス」でなければ面白くないという思い込みもあり、芸人バービーとして生きようとガチガチになって、身動きが取れなくなっていた。無理矢理着ていた鎧を脱いで、ひとりの人間としての私を取り戻そうと必死だった。

それからは、ノートと手帳を自己分析に使ったり、目標を明確にしたり、社会的な自分の成長に「書くこと」を活用するようになっていった。

自分の時間を持つようになってから、少しずつだが、好きなタイプ、一発ギャグ、ひとり旅のしおり、メイクのデッサンなど、頭の中のひらめきの光が消えないうちに書くと、気持ちよさも感じた。

ふと、飲んだくれる前の学生時代よりも、ノートの使い方がうまくなっていることに気がついた。雑然と並んでいた言葉たちも、テーマごとに記せるようになっていたり。

以前は、人とのコミュニケーションのやり方を改善したいとばかり書いていたが、対人における問題点は前より少なくなっていた。空っぽで無意味だと思っていた夜の社交活動も、知らぬ間に自分のコンプレックスでぽっかり空いた穴を埋めていたことに気がついた。私は前進してないと思っていたが、少しずつ動いた景色に気づいていないだけだった。

飲んだくれ期の私は、空っぽだからこそ失う怖さがないから、なんでも軽はずみに首を突っ込むことができた。おかげで、一歩踏み出すことを恐れない行動力も身についたように思う。ふしだらに酔いつぶれていた経験のおかげで、「最初の一歩」が軽い人間になっていた。

無駄な時間などないのだ。

私は何をやりたいのか

私は何をやりたいのか。どうなりたいのか。ようやく、もっと細かく理論的に向き合いはじめた。

そのために例えばこんなことをした。

最大限に自分の可能性を引き出したAパターンの生き方と、妥協とあきらめの人生のZパターンを、思いつく限り考えてみる。最高と最悪の〝たられば〟を、書き連ねてみるのだ。

やりたいと思っていても、どこかで無理だと決めつけているものはないか？　と確認するためだ。

無限に夢想してもよいAパターンを作ることで、自分のストッパーを外して考えることができる。

お金の心配もせず、逃げられそうにないしがらみも、誰かの批判もいったん置いておいて、やりたいことを想像するだけなら、タダだ。

そのとき書いた最高は、世界で活躍する映画監督だったり、過疎化した地元を大都会にするとかだったと思う。

最悪に関しては、後味の悪い映画のようなできだったので覚えていないし、割愛しておく。

最高のパターンについて考えているとき、忘れていた「ワクワク」という感情を思い出した。なんだか、不可能ではない気がしてきたのである。

死にかけていた心の一部が、ピクンと息を吹き返した気がした。

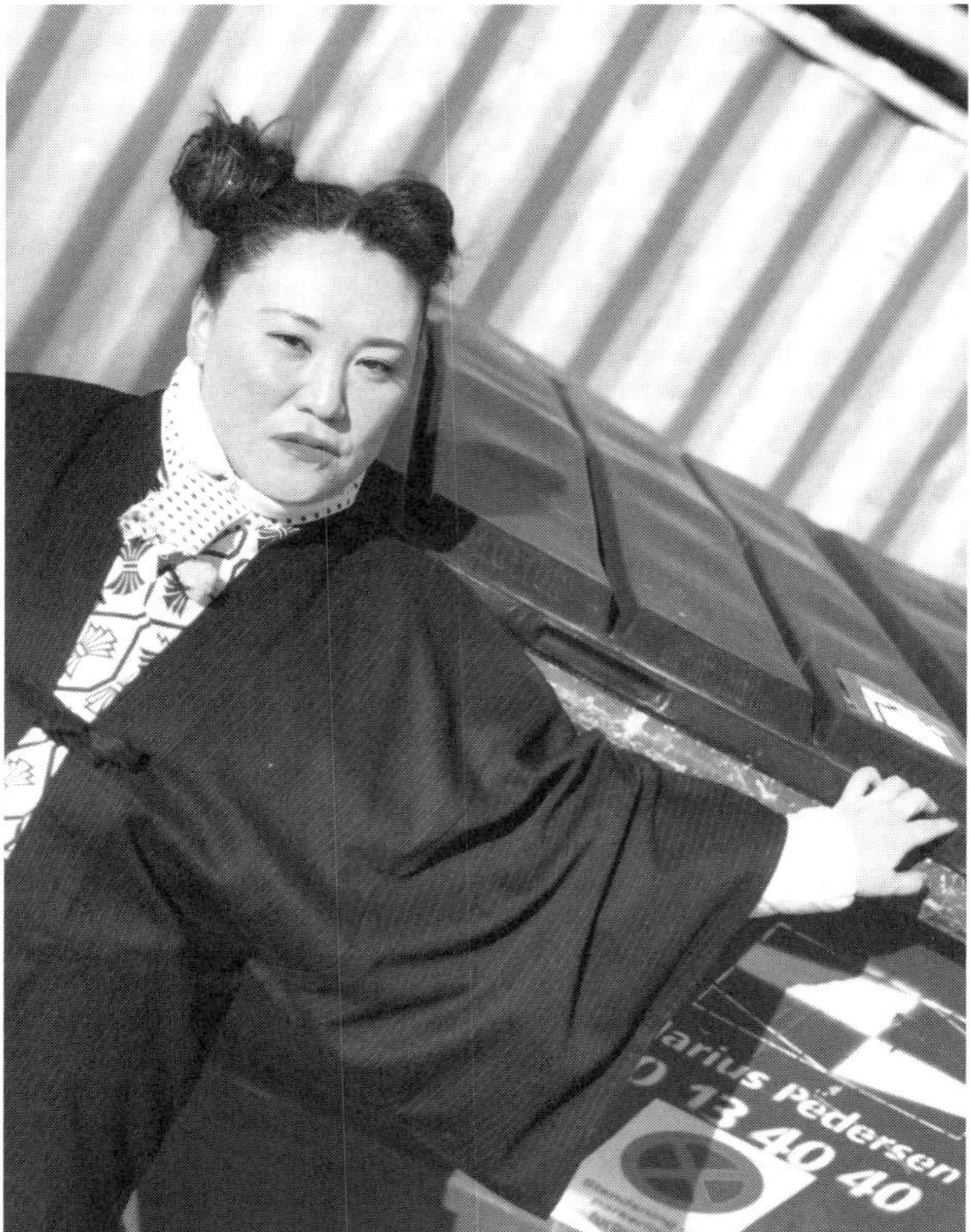
Pedersen

PEACH JOHNとのコラボが実現するまで

「人間が想像できることは、人間が必ず実現できる」

フランスのSF作家・ジュール・ヴェルヌの名言だが、僭越ながらこの言葉を私ふうに言い換えると、「自分で書きだせるものに関しては実現することができる」。

そこに至るプロセスまで書くことができて、想像力が働くのであれば、あとは行動するのみだ。

ゴールが見えているものに関してなら、一歩踏み出すことが怖いと思わないだろう。

ただ、逆のパターンもある。

行きたいゴールがあっても、そこにどうやって辿りつけばいいか分からないときこそ、足で稼ぐ。人に聞いたり、実際に飛び込んで雰囲気や情報をキャッチしに行く。私はほぼ後者で、いろんな人に助けてもらっている。

私はいつだって細かな計画は立てずに動く。

2017年のノートに、「下着のプロデュース」という言葉があった。2020年2月に第1弾が発売となり、現実になったこの目標だが、下着についても行き当たりばったりで、時間を要した。最初は自分で全部作ろうと工場探しをしたが、とうていひとりでできる代物ではないと分かり、コラボ先を探した。何度か会食して関係性を築いても、トップの判断で断られたり、メーカーの人を紹介してもらおうと、指定された場所にひとりで向かうと、そこは秘密のいかがわしいパーティだったりした（すべて事務所には内緒の行動だったので、のちに事務所を説得しなければならない場面がやってくる）。

それでも心が折れなかったのは、仕事があって生活することができていたことと、「ワクワク」が勝っていたからだ。

「書くこと」で自分と向き合う

町おこしに関しても、自分のポケットマネーを、回収できるとも分からないことに注ぎこんでいられるのは、いつかは実現できるとどこかで信じているから。

連載を持ちたいということはずっとメモしていた。でも、連載するにあたり、売り込みをしたり実際に努力をしたわけじゃない。

ありえないタイミングでロケ先でまさかの怪我をし、それをきっかけに普段なら

縁のないラジオに出て、あれよあれよと連載がスタート、約1年後に本の出版が決まった。

書くことで深層心理に目標が刷り込まれていたのではないかと思う。すると、溜めていた水が放流されたダムのように、一気に運が巡ってくるタイミングがいつか来る。

20代の私にとっての課題は、感情コントロールだった。物事がうまくいかないとき、主観がむくりと顔を出して邪魔をするなんてことがあった気がする。そのとき落ち込んだりせずに、あのとき目の前のことに集中できていればよかったのに、なんてことが多々あった。

自分でもよく分からない感情でも、書き落としていく過程で、主観と客観をうまく切り離して考えられるようになった。そうして落ち込んだり怒ったりしている原因を突き止められると、すっと楽になれた。

「書く」ことで自分と向き合い、自分と対話し、客観的に自分を分析することができたのだ。

毎日コツコツと努力はできなくても、思考を整理する、意識を変える、視点を変える。それだけで、世界は変わりうることを教えてくれた。
ノートは感情のゴミ箱にもなってくれたし、ちょっとした翼を与えてくれもした。
書くと思いがけず、本音が浮き上がってくるのだ。
やりたいことを形にする。自分と向き合う。言葉にする。
自分と向き合っている今は、ただ時間に流されていたときよりも生きやすい。

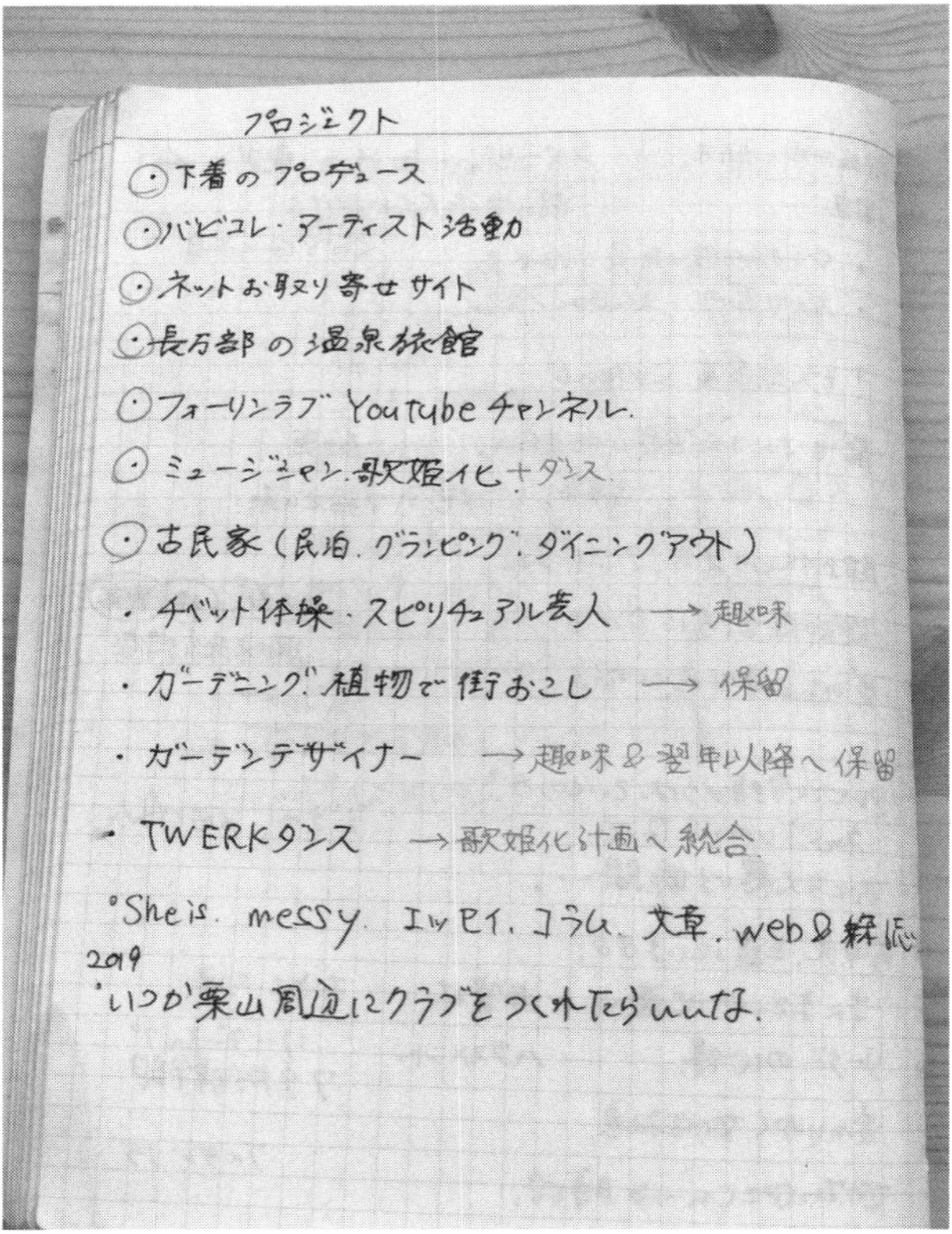
プロジェクト
・下着のプロデュース
・バビコレ・アーティスト活動
・ネットお取り寄せサイト
・長万部の温泉旅館
・フォーリンラブ Youtubeチャンネル.
・ミュージシャン、歌姫化＋ダンス.
・古民家（民泊、グランピング、ダイニングアウト）
・チベット体操・スピリチュアル芸人 → 趣味
・ガーデニング、植物で街おこし → 保留
・ガーデンデザイナー → 趣味＆翌年以降へ保留
・TWERKダンス → 歌姫化計画へ統合
・She is messy. エッセイ、コラム、文章、web＆紙面
2019
・いつか栗山周辺にクラブをつくれたらいいな.

2017年にバービーがやりたいことをまとめたノート。ほとんど実現してる！

〔バービーの思い出レシピ⑩〕本格派スパイスカレー

カレーダイエットで20kg減。でもそのころは……

飲んだくれていた20代半ばは、カレーダイエットで20kg痩せた時期。太っているという芸人としての武器を失い、自暴自棄にもなっていた。バラエティの特番で私は他の芸人の様子を見ているだけで何もできず、ずんの飯尾さんに後押しされてやっと前に出られたという話もある（詳しくは第二章を！）。当時、ルームシェアをしていて、帰宅後も酒を飲んでは暴れ、毎日カレーの匂いを家中に充満させ、ルームメイトには迷惑をかけていたと思う。

レトルトでもダイエット効果があると言われていたが、それだけで痩せるわけないと思っていた私は、パウダースパイスを何かしらの汁に溶いて飲んだり、炒めた玉ねぎにスパイスをまぶしたり。カロリーや糖質を気にして、油も引かずに糖質となる材料も一切入れずに作って食べていた。そのうち、スパイスを摂取すると体が燃え、心は前向きになることに気づいた。それから私にとってスパイスカレーは〝お守り〟のような存在だ。実は今年スパイス検定の資格をひそかに取った。スパイスの無限の可能性を感じている。

※P187〜188にレシピを掲載しています。

「本音」で答える

バービー お悩み相談

皆さんからお寄せいただいた相談事の中から、バービーさんが厳選して回答！

お悩み 1

今まで一度も付き合ったことがなく、彼氏いない歴＝年齢なのが恥ずかしい。自信もなく、一歩踏み出せない私はどうしたらいいでしょうか。（26歳）

20代前半のころは私も「死ぬまでひとりなのかな」と思っていましたよ。無理に一歩踏み出さなくても恋に落ちる瞬間って突然訪れるだろうから、チャンスがきたときに硬くならず、身をゆだねるようにできたらいいんじゃないかな。でもそれが一番難しいんですよね。

まずは恋愛って不可解なことばかりだから、全て思い通りにいくこともないし、わりきれるものでもないと理解するのはどうでしょう。それを感じ取るためのひとつの方法として「花を育てる」「犬猫と触れ合う」「ベビーシッターをやってみる」とか、自分の思い通りにいかない生物と向き合うのをおすすめします。

ふたつめは、流れに身をまかせること。合コンやマッチングアプリで出会いを探しているけど、うまくいかない人もいますよね。異性を意識するときは今までと違ったリズムが生まれると思うんです。でもそれが起こらない人は、自分で気づかないうちに巻き込まれないように自分で抗っていたり、友達に流されたり、こうじゃなきゃダメと思い込んでいませんか？　身をまかせると懐の深さや許容範囲の広がりにも繋がって、自分の魅力も高まるし、他人を受け入れやすくもなるのではないかなと思います。

あと、「処女だと知られるのが怖い」というお悩みもあったのですが、言ったほうがギャップ萌えすると思う。本当のことを言って馬鹿にするような人だったらいらなくないですか？　もちろん大っぴらに言う必要はないけど、知らないことを知らないと言うことは大事だし、自分も楽になれていいと思うけどな。

お悩み 2

職場内でミスが相次ぎ、上司から改善策を求められ対応していました。ですがミスした人たちは何のお咎めもなく、仲良し同士で楽しく話してばかり……。そんな姿を見るのが辛く、今後どのように仕事に臨めばいいのでしょうか。（35歳）

これは辛いですね。でもこの状況が続くと「部長は何も言ってないのに、あの人だけまだ怒ってる」みたいにならないか心配。「私はこんなにやっているのに」と思った場面は私にもあって、気持ちはよく分かります。でも、実際は裏で私が助けられていたことを後から知ることもあったので、もしかしたらこの方もキャッキャしている人の誰かに助けられていることがあって、それを知らないでモヤモヤしている可能性もあるかもしれません。

私は大学のテニス部時代、先輩と後輩に挟まれている時期に、色々な橋渡しをしていたのに下は何もできなくて、上はガミガミ言ってくることがあって。しかも女子部員は私だけだったから、片づけをひとりでさせられたり、無茶振りされたり……。でも「笹森はひとりで大変だから」と言ってくれている人が実は裏にいたし、私の仕事を代わりにやってくれた人もいたんです。でも私はそれを知らずに「なんで私が全部ひとりで……」とずっと怒っていて……半年後に助けてくれていた人の存在を知りました。その経験があるから、「自分から見えているところだけが真実とは限らない」という想像力を持つようになったのかもしれない。

真面目にやればやるほど他人が楽をして自分は損をするというのはあると思う。「私、あなたたちのフォローするのもう嫌なの！」と一度手放してみてはどうですか？　また、趣味や推しメンの話をしてみて何かの話題で盛り上がると見方が変わってくるかも。睨みつけてしまったら溝は深まるばかり。仲良くなると見えなかったものが見えてきますよ。でもあなたががんばっていることは間違いないし、この経験は必ず生かされる日がくると思います。

お悩み 3

自分にはこれといって取り柄がなく、趣味も特になく、ふとしたときに孤独を感じることも。人に頼れない自分もいて、こんなに生きづらいものなのかなぁと感じています。楽しく生きるアドバイスがあれば教えてください。（35歳）

もしかしたら心が固まってしまっているのではないでしょうか。まずは「感動する」ということをしてみてはいかがでしょうか。

第十章でお伝えした昔のノートを読み返すと、23歳くらいのときに書いたテーマが「感情解放」だったんです。他のページには「感動する」という目標も書いていて、そのころは感動すらできなかったんでしょうね。日々やりすごすという感じで、このお悩みを抱えている方と同じような感覚で生きていたと思います。

私は幸い仕事でせざるをえない状況になって、怒りたいときにすぐ怒って、悲しいときに悲しいと言う、そんなことが徐々にできるようになっていきました。それまでは自分の感情に無頓着だったので「私、傷付いてる!?」と、何か言われた数日後に気づくこともしばしば。感情をすぐに出せる今は生きるのが楽だなって思うようになりました。

感情を解放するには大声を出すという方法がありますが、大きい声って意外と出せそうで出せないんですよね。私がひとりカラオケを好きなのは、大きな声で歌って勝手に泣けるから。ノートをつけるのも、自分の感情を好きなだけ紙に写し取れるから。自分の不快な感情も溜めずに気づいてあげる、忘れずに気づいてあげる。気づいたら、アウトプットしたり、話したりすることで〝毒〟を外に出す。その毒を出しきったときに生き生きとした感情にも気づくのではないでしょうか。

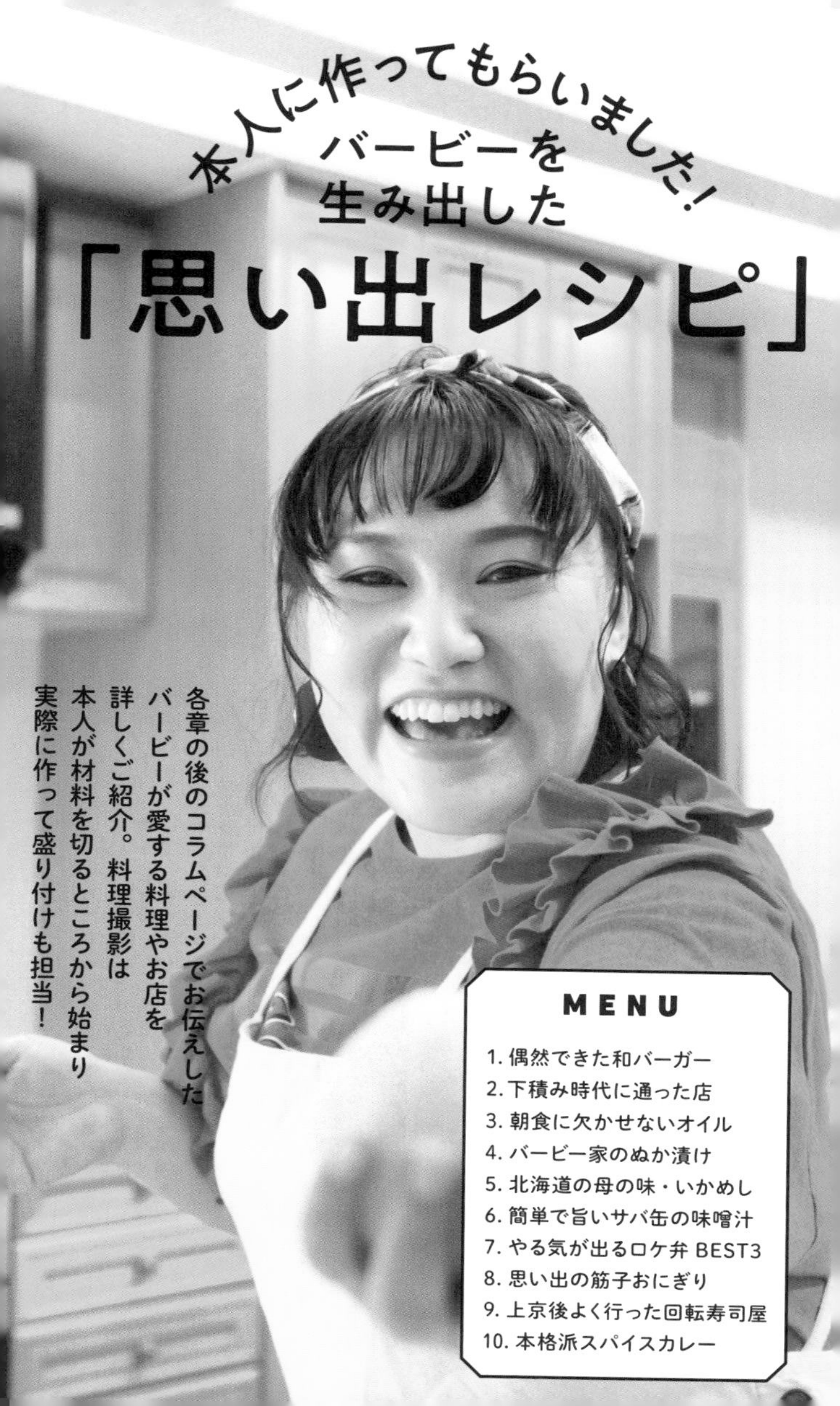

本人に作ってもらいました！
バービーを生み出した「思い出レシピ」

各章の後のコラムページでお伝えしたバービーが愛する料理やお店を詳しくご紹介。料理撮影は本人が材料を切るところから始まり実際に作って盛り付けも担当！

MENU

1. 偶然できた和バーガー
2. 下積み時代に通った店
3. 朝食に欠かせないオイル
4. バービー家のぬか漬け
5. 北海道の母の味・いかめし
6. 簡単で旨いサバ缶の味噌汁
7. やる気が出るロケ弁 BEST3
8. 思い出の筋子おにぎり
9. 上京後よく行った回転寿司屋
10. 本格派スパイスカレー

残り物で作ったら美味しかった生姜の佃煮の和バーガー

〔材料〕作りやすい分量

生姜	1片（大）	酒	大さじ1
鰹のなまり節	100g	ごま油	小さじ 1/2
三つ葉	1束	塩	適量
韓国海苔	1パック	スライスチーズ	
しょうゆ	大さじ2	バンズ	
みりん	大さじ2	白ごま（お好みで）	

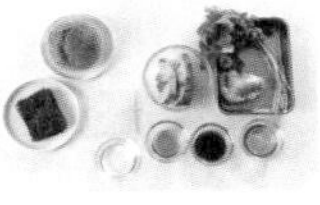

このハンバーガーは、冷蔵庫にあった残り物を適当に組み合わせて作ったわりに美味しかったんですよ。でも、それから実は一度も作っていなくて、この本の打ち合わせのときに思い出して今回ご紹介したという（笑）。でも、見た目以上に簡単で美味しいのでぜひ試してほしい！　「とりあえずやってみよう！」精神で、食材を組み合わせることもあるけど、頭の中に残っている〝味覚の引き出し〟を開けてみて、「これとこれなら合うかも!?」と過去に食べて美味しかった料理の味を思い出しながら考えることが多い気がします。

〔作り方〕
①生姜を千切りにする。
②フライパンに生姜、手でほぐした鰹のなまり節を入れて軽く炒め、しょうゆ、みりん、酒、水（1/2 カップ・分量外）を入れて水気がなくなるまで煮詰める。
③ざく切りにした三つ葉、ちぎった韓国海苔、ごま油、塩、好みで白ごまを混ぜる。スライスチーズ、②、③をバンズではさむ。

下積み時代に毎日通った梅ヶ丘の居酒屋「虎落吹」

バービーさんをよく知るママと息子さんが営む居酒屋。常連でいつも賑わっている人気店。住所／東京都世田谷区梅丘1-26- 4　☎03-3425-6419 月曜定休

44ページにも書きましたが、「虎落吹《もがり》」はガチで毎晩通っていました。夜遊びやゲイカルチャーを教えてもらったし、今のような派手な衣装を着るきっかけにもなって、まさにバービー誕生の地です。転機となった場所で一生忘れられない。最近は全然行けていませんが、お世話になったママにも久々に会いたい。あのころは色々な話を聞いてもらったり、アドバイスをいただいたり、おにぎりもよく食べたなぁ。

朝ご飯に欠かせない食用オイル3種

左 :「SSB えごま油（一番搾り）」。えごまの種 100%、加熱せずに低温圧搾した一番搾りのみを使用しているので香りと風味がよい。
中央 :「アルコイリス　インカグリーンナッツ・インカインチオイル」。オイル感が強くなく、あっさりしているので食べやすい。
右：中鎖脂肪酸油 100％の「日清オイリオ MCT オイル HC100%」。無味無臭なので、どんな料理にも使いやすい。※全てバービーさん私物

オイルを摂り始めてから体の調子がいいんですよ。体中に栄養が行く気がして、キレがよくなる感じ。だから、朝摂取したい。仕事が午後からの日は、朝食を 10時頃に食べるのですが、スプーン1～2杯のオイルと塩を適量かけた生野菜、鶏肉や豚肉をドーンと焼いたもの、お味噌汁が鉄板メニュー。この3種は今ハマっているオイルで、どれもクセがなくて使いやすい。今やオイルリサーチは趣味です。

約2年、大切に育てている
バービー家のぬか漬け

〔材料〕

ぬか床
きゅうり
パプリカ
摘果メロン
※漬ける野菜はお好みで

漬ける野菜は何だっていいんです。ルールはないから！　撮影時期はちょうど旬だったので、実家から送ってもらった摘果メロン（子メロン）を漬けてみました。みずみずしくて美味しい！　きゅうりに似た食感で白米にも合いますよ。

ぬか床ってかき混ぜるのが面倒だったり、臭いが気になったり大変ですよね。でも今は無印良品とかで便利なぬか床が売っているから、それでいいんですよ！　うちのぬか床は、2年くらい前に道の駅で買った生ぬかに塩などを混ぜて自分で作ったものと、ロケ先のおばあちゃんにいただいた100年モノをミックスして育てています。漬ける野菜は最近はきゅうりばかりですが、にんじんやパプリカも漬けます。私は野菜に塩はせず、そのまま漬ける派。上の写真はきゅうり、パプリカ、摘果メロンで2日くらい漬けたものです。

幼いころの思い出も蘇る
北海道の母の味・いかめし

〔材料〕作りやすい分量

生イカ（スルメイカ）・・・ 4杯
※ヤリイカの場合はお米の量を調整
もち米（一晩水に浸す）・ 100g くらい
生姜・・・・・・・・・・・ スライス2枚
めんつゆ・・・・・・・・・ 800ml
酒・・・・・・・・・・・・ 1/3 カップ

〔作り方〕
①内臓や軟骨をとって洗ったイカの胴にもち米を6～7割入れ、爪楊枝で封をする。
②鍋に水（イカが浸かるくらい・分量外）、めんつゆ、酒、生姜を入れる。
③もち米を詰めたイカとゲソを入れて火にかける。弱～中火の火加減で 45 分煮る。

いかめしは、まさに故郷の味、というよりも母の味ですね！　作り方や味付けは家庭によってさまざまだと思いますが、我が家はめんつゆを使って、お鍋で 45 分ほどコトコト煮るタイプ。今回はスルメイカを使いましたが、ヤリイカでも作れます。イカから美味しいだしが出るのでシンプルな味付けですが十分美味しいんです。煮ているときの香りもたまらない！　旨みがたっぷりしみ込んだモチモチ食感のご飯も最高で、おかず要らずの一品です。作り方が難しい料理ではないので、うちのお母さんの味を皆さんにも味わってほしい。やさしい味にほっこり癒やされると思いますよ。

意識高い男子にはウケる!? サバ缶の味噌汁

〔材料〕２人分

サバ缶・・・・・・・・1缶
長ネギ（白い部分）・・1/4 本
赤味噌　・・・・・・大さじ1
白味噌・・・・・・・・大さじ1

缶詰はツナ缶くらいしか買ったことがなかったのですが、体にいいと聞いて２年前くらいからサバ缶を買うようになって、今ではカレーやサラダにも使っています。リピート買いしているのは、伊藤食品さんの「美味しい鯖水煮」で、ネットで箱買いしているほどお気に入り。無添加で安心だし、旨みのある汁もたっぷり。シンプルな味付けだから、応用もしやすい。あと、大きいサバの塊が３つ入っているので、味噌汁なら1缶で2人分はイケます。この味噌汁を作るときのこだわりは、赤味噌と白味噌をミックスすること。もちろん普通の味噌だけでもいいのですが、コクが出るような気がして。具材は冷蔵庫の残り物を入れてもいいけど、シンプルにネギだけが一番のおすすめ。ビックリするくらい、サバの臭みもないし、むしろ旨みたっぷりだから、これはマジで作ってほしい！

〔作り方〕
①ネギは輪切りにする。
②鍋に水（１カップ半・分量外）を入れ、沸騰したらサバ缶を汁ごと入れる。
③ひと煮立ちしたら、赤味噌、白味噌を溶かし入れ、沸騰寸前で火を止めてネギを入れる。

「よし、やるぞ」仕事の活力に！
好きなロケ弁 BEST3

バラエティの現場で用意していただける定番的なロケ弁で、一番好きなのは「喜山飯店」の中華弁当。ボリュームもあってハイカロリーですが、収録前にこれを食べると「よし、やってやるぞ！」と意欲が湧いてくるんです。キクラゲタマゴがマジで旨い！
２番目は、早朝ロケの定番「ポパイ」のおにぎり弁当。３番目は、「金兵衛」のお魚のお弁当。特に銀だら西京焼きが好き！　あと、女性誌の撮影現場でいただいた「MARU KITCHEN」のお弁当がすごく美味しくてつい写メも撮りました（笑）。

1位

喜山飯店のお弁当A（税別 850 円）。※おかずは週替わり。バービーの好物はキクラゲタマゴ（右下）。☎ 03-3512-8138 http://kizanshop.jp

2位

ポパイのおにぎり2個+おかず3品・お茶（税別 600 円）。おにぎりの具材とおかず 2 品は選択可。☎ 03-3993-3414　http://www.lunch-popeye.co.jp

3位

金兵衛の銀だら西京漬け焼き弁当（税別 1200 円）はご飯＆おかずの２段。☎ 03-3468-6998 https://www.kinbe.co.jp

番外編

MARU KITCHEN のお弁当（1200 円）。※予算（1100 円～）に合わせて注文可。Instagram：@marukitchen_tifo

大きくて丸形がポイント
思い出の筋子おにぎり

〔材料〕

ご飯
筋子
のり

写真のおにぎりは、大きいのと小さいので親子を表現したんです（笑）。伝わっているかな？　本編でお伝えしたように、おにぎりは私にとっていろいろと思い出があるものです。皆さんもおにぎりにまつわるエピソードはありませんか？　周りの人に話を聞くと、「うちは俵形だった」とか、「具材は何も入ってなかった」とか、家庭によってそれぞれ〝色〟があって、おにぎりってやっぱり面白いなぁと思うことがあります。ちなみに、うちの母は筋子以外におかかマヨネーズもよく作ってくれたのですが、それもやっぱりべちゃべちゃでした（笑）。

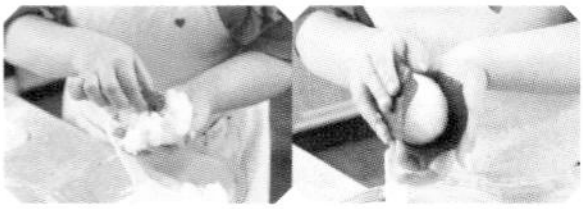

〔作り方〕

①ボウルにご飯を入れ、塩少々（分量外）を振って混ぜておく。筋子は食べやすい大きさに切っておく。
②ご飯を多めに手に取り、真ん中にくぼみを作り、筋子をのせ、野球ボールのように丸形に握る。
③のりをぐるっと巻いて完成。

地元にはなかった……
上京後よく行った回転寿司屋

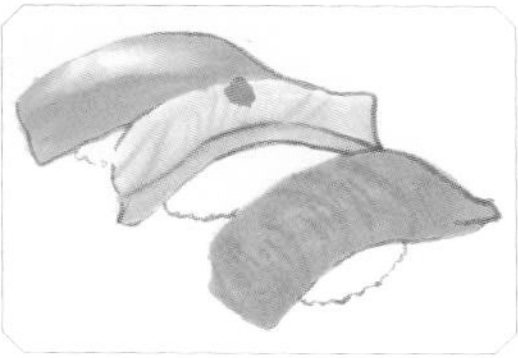

158 ページで紹介した寿司屋さんは閉店しているようで残念。握り寿司は地元にいるときからよく食べていたかというとそうでもなく「寿司が回っている！」という興奮のあまり、上京後は回転寿司の虜になってしまったのです。

本格的なのに簡単！
スパイス香るチキンカレー

〔材料〕 2〜3人分

鶏もも肉・・・・・・・・・・300 g
玉ねぎ（大）・・・・・・・・1個
生姜・・・・・・・・・・・・1片
カットトマト（缶詰）・・・・200g
ギー（バターオイル）・・・・大さじ2
※なければサラダ油でも OK
塩・・・・・・・・・・・・・小さじ1強
ヨーグルト（無糖）・・・・・大さじ2

〈ホールスパイス〉
シナモンスティック・・・・3㎝くらい
ローレル・・・・・・・・・・1〜2枚
カルダモン・・・・・・・・・3粒
クローブ・・・・・・・・・・6粒
クミン・・・・・・・・・・・小さじ1
〈パウダースパイス〉
コリアンダーパウダー・・・小さじ2
クミンパウダー・・・・・・小さじ2
チリパウダー・・・・・・・小さじ 1/2
サフランライス
パクチー（あれば）

作り方は次ページで！

〔作り方〕
①玉ねぎは薄切り(できるだけ薄く)、鶏もも肉は食べやすい大きさに切る。生姜はすりおろす。
②鍋にギーを入れ弱火で熱し、
③〈ホールスパイス〉を全量加えたら、油に香りを移すように加熱する。
④クミンがフツフツしてきたら玉ねぎを入れてあめ色になるまで弱火で焦がさないように炒める。
⑤玉ねぎがあめ色になったら、鶏もも肉を入れ、中火で炒める。
⑥鶏肉の色が変わったら、カットトマト、生姜を入れ、
⑦ヨーグルト、塩を入れてかき混ぜる。
⑧水気が少し飛んできたら〈パウダースパイス〉を全量加えて、さらに炒める。炒め続けてとろりとしてきたら完成。皿にライスとカレーを盛ってパクチーを散らしたらできあがり!

玉ねぎはもたもた系のあめ色になるまで炒めると、カレーの味がまろやかになっていいんですよ。だから、より薄く切ってくださいね。あと、ホールスパイスは香りが立つまで熱することもポイント。これは仕上がりに差が出ると思います。スパイスって本当に体にいいんですよ! 例えば、コリアンダーは整腸作用、クミンは体脂肪の減少に効果があって。私の YouTube チャンネルでもスパイスやカレーのレシピを紹介しているのでよかったら見てみてくださいね。

ぜんぶ簡単なので作ってみてね!

おわりに

中学生のとき、国語の時間に出てきた太宰治に自分を重ね、自分は物書きになるのだなと直感し、高校生のとき、倫理の授業で哲学を習えば、考え方を発明・伝播して後世まで讃えられる哲学者になりたいと思った。

とにかく自己顕示欲の強い少女は、芸人になった。

こうしてエッセイを書いている自分は、ある意味現代の哲学者に近いのでは？　と、念願だった本の出版を前に、浮き足立って生涯最大のビッグマウスをたたくことをお許し願いたい。

何が言いたいかというと、とにかく人生最大の夢が叶って嬉しい！　世界は愛に溢れてる！　人生最高！　と後からあのときは浮かれていたなと後悔するのが分かっていても叫びたい。そんな気分だ。

この連載を始めて、たくさんの声が私のもとに届いた。

自分のために吐き出したつもりの本音だったが、知らないうちに、「いつかの私」と同じ誰かの胸に響いていていたらしい。そういう声が聞こえるたびに、あのときの私が救われるような気がした。自分ひとりで回収するつもりだった、ぐるぐるとエンドレスに廻るモヤモヤは、読んでくださった人がいることで成仏したのである。負の感情が誰かの役にたつだなんて、なんという幸せな連鎖！

とにかく、読んでくれたすべての人に感謝したい。

ずっとTVバラエティ畑で仕事していたのに、急に長めの原稿チェックをする羽目になったマネージャー氏、カウンセラーのように私に寄り添ってくれた新町さんと佐藤さん、書籍化を即決した唐沢さん、30代後半でピンクの本を出すと占いで言われた私に、本当にピンクのデザインをしてくれたデザイナーの佐藤亜沙美さん、バービーファッションの産みの親・TAKUTYさんと、アシスタントの谷口さん、メイクの原田さん、料理と宣伝撮影をしてくれた井上さんに、宣伝担当の黒田さん。そして、私の本棚をテレビ番組のスロー再生で見て、ラジオに引き出してくださった武田砂鉄さんにも、この場をお借りして感謝をお伝えする。

二〇二〇年九月　地方の旅番組から最終便で帰京する機内にて　バービー

本書はＦＲａＵ ｗｅｂ（現代ビジネス）２０１９年12月～２０２０年９月（毎月27日更新）掲載の連載に加筆修正の上、書きおろしコラム、悩み相談、料理ページを加えたものです。

コラムイラスト　バービー
カバー写真　谷口夏生
扉・料理ページ撮影　井上孝明
スタイリスト　ＴＡＫＵＴＹ（谷口夏生（有限会社ラッキースター）
ヘアメイク　原田なおみ
ブックデザイン　佐藤亜沙美（サトウサンカイ）
編集協力　佐藤愛葉
宣伝　黒田剛
協力　株式会社ワタナベエンターテインメント　土居大樹、植田茂樹

バービー（フォーリンラブ）

1984年北海道生まれ。2007年、お笑いコンビ「フォーリンラブ」を結成。男女の恋愛模様をネタにした「イエス、フォーリンラブ！」の決め台詞で人気を得る。FRaU webにてエッセイの執筆、TBS『ひるおび！』のコメンテーターとしても活躍。2020年7月からはTBSラジオ『週末ノオト』パーソナリティを務める。また、同年2月にバービーのプロデュースで話題を呼んだピーチ・ジョンコラボ下着が好評につき第2弾決定。2019年末開設したYouTube「バービーちゃんねる」では1ヵ月で280万視聴回数を超える動画もある。

● Twitter
https://twitter.com/Barbie_Babiro
● Instagram
https://www.instagram.com/fallin.love.barbie
● YouTube「バービーちゃんねる」
https://www.youtube.com/channel/UCIc8aGFxiMwMC46HqsMigsQ

本音《ほんね》の置《お》き場所《ばしょ》

2020年11月4日　第1刷発行
2021年11月9日　第3刷発行

著者　バービー
発行者　鈴木章一
発行所　株式会社講談社
東京都文京区音羽2丁目12-21　〒112-8001
電話　［編集］03-5395-3522
［販売］03-5395-4415
［業務］03-5395-3615

本文データ制作・印刷所　株式会社新藤慶昌堂
製本所　大口製本印刷株式会社

ISBN978-4-06-521213-4